Mr. Poskitts

Schlummertrunk

-Geschichten eines Yorkshire-Bauern

JS Fletcher

Writat

Diese Ausgabe erschien im Jahr 2024

ISBN: 9789359946955

Herausgegeben von
Writat
E-Mail: info@writat.com

Inhalt

EINFÜHRUNG

Jeder, der das Vergnügen hatte, Mr. Poskitt kennenzulernen, weiß, dass dieser geschätzte Mann aus Yorkshire nicht nur der fröhlichste Gastgeber, sondern auch der beste Begleiter ist. Diejenigen von uns, die den Poskitt High Tea kennengelernt haben (eine viel angenehmere Mahlzeit als ein spätes Abendessen), wissen, was nach dem Verzehr von Mrs. Poskitts zarten Hühnern und ihren selbstgefütterten Schinken folgt. Das Wohnzimmerfeuer wird in Flammen gesetzt; der Herd wird sauber gefegt; die Vorhänge sind zugezogen; Die Dekanter, die Zigarren und die urige alte bleierne Tabakschachtel erscheinen unter der Schirmlampe, und Mr. Poskitt bittet seine Gäste, aufzumuntern, sich selbst zu bedienen und sich herzlich willkommen zu fühlen. Und wenn diese Gäste ihre Gläser auf den Ellenbogen haben, ihre Zigarren und Pfeifen zwischen den Lippen und ihre Beine bequem ausgestreckt haben, hat Mr. Poskitt seine Geschichte zu erzählen. Nur wenige Männer kennen das Land und seine Menschen mit ihren Freuden, ihren Sorgen und ihren Launen besser als er; Sicherlich gibt es nur wenige Menschen, die es nicht genießen würden, ihm von den großen und kleinen Dramen des Lebens erzählen zu hören, die er während seiner siebzigjährigen Arbeit und Freizeit, von Wolken und Sonnenschein, mit scharfem und mitfühlendem Blick beobachtet hat. In einigen dieser Nightcap-Geschichten (die von ihren Zuhörern so genannt werden, weil Mr. Poskitt darauf besteht, sie als Vorbereitung auf seine eigene vorzeitige Pensionierung zu erzählen, die nie später als zehn Uhr ist) ist er manchmal humorvoll und manchmal tragisch. Ich vertraue darauf, dass das Nacherzählen den Leuten Freude bereiten wird, die sich den fröhlichen Schein von Mr. Poskitts Herd vorstellen müssen.

JS FLETCHER.

London, Mai 1910.

KAPITEL I

DER HÜTER DER HIGH ELMS FARM

In der kalten Tristesse dieses Februarmorgens wirkte das ganze Eis äußerst kühl und abstoßend. Dort, auf einem kleinen Hügel, der im Vergleich zu den niedrigen Wiesen und Maisfeldern zu seinen Füßen fast hügelartige Ausmaße annahm, stand das Gehöft – eine weitläufige Masse aus rauen grauen Mauern und roten Dächern; Häuser, Scheunen, Ställe, Getreidespeicher und Ställe, die hier und da ohne offensichtlichen Plan oder Anordnung vorkommen. Zwei oder drei große Ulmen, jetzt blattlos und schwarz von der Winterfeuchtigkeit, ragten hoch über die Schornsteine und Giebel wie Wächter, die geneigt waren, auf ihren Pfosten zu schlafen; über ihren obersten Zweigen schlugen ein halbes Dutzend Krähen träge mit den Flügeln gegen das trübe Grau des Himmels; Ihre gelegentlichen trostlosen Töne trugen zur Melancholie der Szene bei. Und doch gab es für ein erfahrenes Auge, das mit der Handwerkskunst des Landes vertraut war, von außen gesehen alles Gute, was High Elms Farm versprach. Das Haus war, wenn auch sehr alt, in gutem Zustand, ebenso wie die Gebäude; Das Land war von ausgezeichneter Qualität. Aber es genügte ein Blick, um zu erkennen, dass das Haus schon seit einiger Zeit nicht mehr bewohnt war; Die Fenster erweckten sofort den Eindruck, dass in letzter Zeit weder Lampenlicht noch Feuerschein durch sie hindurchgeleuchtet waren, und wenn man die große, mit Steinen gepflasterte Küche betrat, hatte man das Gefühl, in ein Gewölbe zu treten. Dieses Gefühl toter Leere herrschte auch in allen Nebengebäuden – die Ställe, der Getreidespeicher, die Ställe waren leblos, leer; Ein seltsames Gespenst schien in ihrer Stille zu herrschen. Und unter den kräuselnden Nebeln, die über den vielen Hektar Maisanbau lagen, blühte Unkraut, statt Getreide anzubauen.

An diesem Februarmorgen standen zwei junge Männer, die sich so ähnlich waren, dass niemand sie für etwas anderes halten konnte als das, was sie waren – Zwillingsbrüder – auf der steinernen Veranda des Hauses und starrten einander mit fragenden Augen an. Es waren große, fein gebaute, stämmige Kerle von scheinbar sechsundzwanzig Jahren, mit blonden Haaren, blauen Augen und roten Wangen, mit eckigen, entschlossenen Kiefern und einer Entschlossenheit, die viel für ihren Erfolg im Leben versprach. In ihrem Aussehen waren sie sich sehr ähnlich, doch die Ähnlichkeit spiegelte sich auch in ihrer Kleidung wider. Jeder trug einen Schießmantel mit etwas auffälligem Muster; jeder trug eine schicke Weste mit vergoldeten Knöpfen; Jeder trug schicke Reithosen aus Peitschenkordel, die in hellbraunen Newmarket-Gamaschen endeten. Jeder trug seinen Billycock-Hut ein wenig nach links geneigt; Jeder hatte ein Stück Rebhuhnfeder im Hutband. Und in diesem Moment knabberte jeder an einem Strohhalm.

„Das ist ein seltsamer Ort, Simpson", sagte einer dieser jungen Männer nach einem mehrminütigen Schweigen. „Ein wirklich queerer Ort!"

„Das ist es, Isaac!" stimmte dem anderen zu. „Das ist es, mein Junge. Der seltsamste Ort, den ich je gesehen habe. Ein wahreres Wort könnte man nicht sagen."

Isaac Greaves knabberte geschäftiger an seinem Strohhalm. Er hob den verwegen wirkenden Knüppel hoch und kratzte sich am Kopf.

"Was ist das Problem damit?" er sagte. „Was ist damit los? Es ist ein gutes Haus; es sind gute Gebäude, wenn sie altmodisch sind; es ist gutes Land."

„Ja – leider vernachlässigt", sagte sein Bruder. „Feine Distelernte."

„Das könnte korrigiert werden", sagte Isaac. „Eine Frage der Arbeit und der Geduld – Hauptsache, es ist gutes Land. Und – warum können sie es nicht zulassen?"

Simpson Greaves schüttelte den Kopf. Auch er knabberte eifriger an seinem Strohhalm.

„Offensichtlich spricht etwas dagegen", sagte er. „Die beiden letzten Mieter, die sie hatten, wollten nicht aufgeben – beide wurden schnell ausgeräumt. Warum, weiß ich nicht."

Isaac warf seinen Strohhalm weg und zog eine Zigarre aus seiner Westentasche. Er zündete es an und nahm zwei oder drei Züge, bevor er sprach.

„Nun", sagte er schließlich, „daran besteht kein Zweifel, Simpson – wenn es zu der Miete zu haben ist, von der wir gehört haben, ist es ein Schnäppchen, das sich kein vernünftiger Mensch entgehen lassen sollte. Ich bin dabei." , wenn ja, es ist ein besseres Land, es ist ein besseres Haus, es sind bessere Gebäude als das, was wir derzeit haben, und wir zahlen mehr als doppelt so viel. Und natürlich ist unsere Zeit abgelaufen . Schauen Sie hier – wir haben die Anweisungen des Anwalts. Fahren wir weiter zu Sicaster und hören Sie, was er zu sagen hat.

„Dann komm schon", stimmte Simpson zu. „Es sind nur noch etwa fünf Meilen."

Am Gartentor waren zwei kräftige Koppeln mit ihrem Zaumzeug befestigt, und auf ihnen ritten die Brüder bald in die nächste Marktstadt. Ohne größere Verzögerung, als es durch das Unterstellen der Maiskolben und das Trinken eines Glases Bier im Goldenen Löwen erforderlich gewesen wäre, erschienen sie zu gegebener Zeit im Büro des Anwalts, der als Makler für das Anwesen fungierte, auf dem sich die High Elms Farm befand wurden zu ihm geführt.

„Das Reden überlasse ich dir, Isaac", flüsterte Simpson, der zurückhaltender war als sein Zwillingsbruder. „Finden Sie alles heraus, was Sie können."

Isaac war nichts Abscheuliches – er kannte seine Kräfte. Er stürzte sich sofort in die Sache, als er und Simpson einem älteren Mann gegenüberstanden, der sie interessiert musterte.

„Morgen, Sir", sagte Isaac. „Unser Name ist Greaves, Isaac und Simpson Greaves, Brüder. Wir geben gerade eine Farm dort drüben in Woodbarrow auf und sind auf der Suche nach einer anderen. Wir haben auf dem Cornchester-Markt gehört, dass Sie eine Farm haben sehr günstig vermietet – High Elms Farm – also dachten wir, wir würden es uns gerne ansehen und uns mit Ihnen treffen."

Der Anwalt sah beide Brüder nacheinander fest an. Dann räusperte er sich mit einem unverbindlichen Husten.

„Ja", sagte er, „ja. Waren Sie schon mal dort, Mr. Greaves?"

„Wir haben heute Morgen alles durchgearbeitet", antwortete Isaac.

"Also?" sagte der Anwalt.

„Es ist gutes Land – stark vernachlässigt", sagte Isaac.

„Sehr stark vernachlässigt", fügte Simpson hinzu.

„Das ist natürlich der Grund, warum Sie dafür eine so niedrige Miete verlangen", schlug Isaac vor und warf dem Anwalt einen scharfsinnigen Blick zu.

Der Mann des Gesetzes konsultierte seine sorgfältig polierten Fingernägel. Plötzlich sah er Isaac mit einem offenen Lächeln an.

„Tatsache ist, dass ich es nicht zulassen kann", sagte er. „Es ist jetzt seit vier Jahren ohne Mieter. Zwei Männer haben es satt – der eine blieb einen Monat stehen, der andere zwei Wochen. Jeder sagte, er zahle lieber ein paar Jahresmieten, um rauszukommen, als noch länger dort zu bleiben. Also – da Sind!"

Die Zwillingsbrüder sahen sich an. Jeder schüttelte den Kopf.

„Das ist doch seltsam, Isaac!" sagte Simpson.

„Das ist seltsam, Simpson!" antwortete Isaac mit zusätzlichem Nachdruck. Er wandte sich erneut an den Anwalt. „Und bitte, was ist der Grund, Sir?" er erkundigte sich.

Der Anwalt lächelte – nicht allzu fröhlich – und breitete die Hände aus.

„Sie sagen, dass es dort – spukt", antwortete er.

„Geistert?" wiederholte Isaac. „Was – Geister, was? Nun, ich glaube nicht, dass ein paar mehr oder weniger Geister für uns einen großen Unterschied machen würden, Simpson, mein Junge – was?"

„Nicht, dass ich wüsste", antwortete Simpson unbeirrt.

Der Anwalt blickte von einem zum anderen und lächelte.

„Nun, ich habe dir erzählt, was passiert ist", sagte er. „Bei diesen beiden anderen Männern war die Wahrscheinlichkeit, von Geistern beeindruckt zu sein, größer als bei Ihnen, aber ich kann Ihnen sagen, dass ich gesehen habe, wie sie beide unter so großer Angst litten, dass sie kurz davor waren, zusammenzubrechen unten. Das ist alles.

Zwei blaue Augenpaare richteten sich auf das Gesicht des Gesetzeshüters und wurden immer größer; zwei Münder öffneten sich nach und nach.

„Ich erzähle es Ihnen einfach", sagte der Anwalt, der offensichtlich nicht abgeneigt war, die Rolle des Erzählers zu übernehmen, „und dann, wenn Sie alles gehört haben, können Sie selbst entscheiden, ob Sie weiter darauf eingehen möchten." Nun, bis vor etwas mehr als vier Jahren war die High Elms Farm der Pächter eines alten Mannes namens Josiah Maidment, der schon seit dreißig Jahren dort wohnte. Er war ein seltsamer, exzentrischer alter Kerl, der nie geheiratet hatte. und der fast allein lebte. Er hatte weder eine Haushälterin noch eine Dienerin im Haus – was auch immer er tun musste, wurde von der Frau im Nachbarhaus für ihn erledigt.

„Dort haben wir die Schlüssel zum Haus bekommen", sagte Isaac.

„Genau so. Nun ja", fuhr der Anwalt fort, „vor etwas mehr als vier Jahren verschwand das alte Maidment plötzlich. Eines Morgens verließ er das Haus, gekleidet in seinem zweitbesten Anzug, als würde er auf den Markt gehen – und Er wurde nie wieder gesehen – noch nie von ihm gehört. Er hatte Geld auf der Bank, und er hatte dort Wertpapiere, die bewiesen, dass er ein wohlhabender Mann war Wir konnten es, aber alles vergeblich. Dann wurde der Bestand verkauft und schon bald vermieteten wir den Hof an einen neuen Pächter. "

„Mit den Geistern?" sagte Simpson.

„Na ja, mit etwas", sagte der Anwalt lächelnd. „Kaum hatte der neue Pächter seinen Vorrat eingekauft, merkte er, dass etwas nicht stimmte. Gleich in der ersten Nacht, in der er dort war, verschwand sein Schäferhund, ein Tier, das er schon seit Jahren hatte. Sie dachten, er sei verschwunden." zurück zum alten Zuhause, aber es war einfach verschwunden. Dann machten die Pferde in den Ställen nachts solche Geräusche, dass man nicht schlafen konnte Das Gleiche galt für die Schafe, die man morgens immer zusammengedrängt in einer Ecke des Feldes fand, auf dem sie sich befanden. Kurz gesagt, der ganze

Ort war in Panik. Aber was hat niemand gesehen? Der Bauer und seine Männer warteten nächtelang ohne Wirkung, doch sobald sie sich abwandten, begann die Sache. Und am Ende eines Monats gingen die Männer – und waren dankbar, dass sie gehen konnten.

Die Zwillingsbrüder waren nun völlig fasziniert. Ihre Augen luden zu mehr ein.

„Nach einer Weile kam der zweite Mann", fuhr der Anwalt fort. „Genau das Gleiche passierte ihm. Sein Schäferhund verschwand – seine Pferde, Rinder und Schafe wurden aus Angst um ihr Leben gebracht. Und dann kam noch Schlimmeres. Dieser Mann war ein junger verheirateter Mann, der eine Frau und ein Kind hatte. Der Das Kind war ein aufgeweckter, lebhafter Junge von etwa fünf Jahren, und seine Mutter hatte es in den Obstgarten gehen lassen, um unter den Apfelbäumen zu spielen Hat es gefunden – ja, aber wie hat sie es gefunden? Völlig verrückt! , aber es ist wahr."

Isaac Greaves holte tief Luft, starrte seinen Bruder eindringlich an und schüttelte den Kopf.

„Nun, von all den Dingen, von denen ich je gehört habe!" er sagte. „Wie erklären Sie sich das jetzt, Sir?"

Der Anwalt breitete seine Hände aus.

„Erklären Sie es!" er rief aus. „Mein guter Herr, bitten Sie mich, alle oder einige der Geheimnisse zu erklären, die das menschliche Wissen verwirren! Niemand kann es erklären. Ich weiß nur, was mit diesen Männern passiert ist. Ich sage Ihnen, sie hatten Angst – Angst auf die schlimmste Art." "

„Ich gehe davon aus, dass hier jeder diese Geschichte kennt?" fragte Isaac.

„Sie können sicher sein, dass sie das tun, sonst wäre die Farm bei dieser reduzierten Pacht schon längst weggenommen worden", antwortete der Anwalt. „Niemand hier würde es nehmen – sie nicht!"

Isaac sah Simpson an. Sie betrachteten einander einen ganzen Moment lang schweigend; dann wandte sich Isaac an den Anwalt.

„Sie verlangen zehn Schilling pro Acre?" er sagte.

„Darüber hinaus wäre ich froh, einen Mieter zu bekommen", antwortete der Anwalt müde.

„Machen Sie acht, und wir nehmen es", sagte Isaac. „Und wir fangen sofort an, die Dinge aufzuklären. Geister, Sir, stören mich und Simpson nicht sonderlich – wir werden unser Risiko nutzen Mietvertrag, was dem Anwalt zeigte, dass er es mit einem klugen Mann zu tun hatte.

Am Lady Day brachten die Zwillingsbrüder ihr Vieh zur High Elms Farm, und bei Einbruch der Dunkelheit war alles an seinem Platz. Das Haus hatte seine Möbel bereits erhalten und war von der Haushälterin und einem strammen Dienstmädchen blitzsauber hergerichtet worden. Es war jetzt nichts Kaltes und Freudloses mehr daran.

„Vielleicht wären wir für ein oder zwei Jahre sesshaft geworden, Isaac", sagte Simpson, als die beiden Brüder an diesem Abend rauchend im Wohnzimmer saßen. „Alles ist in Ordnung."

„Ja, und als Nächstes müssen wir das Land in Ordnung bringen", sagte Isaac. „Wir werden hier nicht so schnell verschwinden wie die anderen Kerle, Simpson, mein Junge – Geister hin oder her."

„Ich frage mich, ob wir etwas hören oder sehen werden?" sagte Simpson nachdenklich.

Isaac warf einen Blick auf ein paar moderne Jagdmesser, die über dem Kaminsims hingen.

Er wedelte selbstbewusst und drohend mit dem Kopf.

„Wenn ich Geister sehe", sagte er, „lasse ich Tageslicht durch sie hindurch. Es wird ein schöner Geist sein, der einer Ladung Nummer 4 standhalten kann."

„Ja", sagte Simpson, „aber nach dem, was einige Leute sagen –"

Er hielt inne und rieb sich das Kinn, und sein Bruder starrte ihn mit dem Verdacht eines Zweifels an.

"Also?" sagte Isaac ungeduldig. "Also?"

„Einigen Leuten zufolge", sagte Simpson, „gibt es Geister, die man nicht sehen kann. Man kann sie nur fühlen."

Isaac mixte sich einen Drink und zündete sich eine Zigarre an. Er steckte die Hände tief in die Taschen seiner Reithosen, blickte seinen Bruder an und starrte ihn eindringlich an.

„Ich glaube, du hast Angst, Sim!" er sagte.

Simpson starrte genauso hart zurück.

„Nun, dann bin ich es nicht!" erwiderte er. „Ich habe vor nichts Angst, das ich sehen und erreichen kann. Trotzdem waren wir uns beide einig, dass dies ein seltsamer Ort ist."

„Queer oder nicht Queer, hier sind wir, mein Junge, in einer lächerlichen Miete, und hier hören wir auf", sagte Isaac. „Es wird etwas brauchen, von dem ich noch nie gehört habe, um uns zu verändern."

Eine Stunde später, es war schon neun Uhr, nahmen die Brüder eine Laterne und gingen, wie üblich, um die Wirtschaftsgebäude herum, um sich zu vergewissern, dass alles für die Nacht sicher war. Es waren wohlhabende junge Männer, diese beiden, und sie hatten eine Menge wertvolles Vieh mitgebracht. Die Ställe, die Ställe, die Ställe, die Kuhställe waren alle voll; Die Schweineställe waren bis aufs Äußerste ausgelastet, denn sowohl Simpson als auch Isaac glaubten an Schweine als Mittel zum Geldverdienen. Schon seit vielen Jahren hatte es auf dem alten Bauernhof so viel Leben gegeben.

Sie gingen von Stall zu Stall, von Stall zu Stall, von Hütte zu Getreidespeicher – für die Nacht war alles in Ordnung. Die Pferde drehten schläfrige Köpfe und schauten sich im gelben Licht der schwingenden Laterne um; die Kühe blickten ihre Besitzer mit seidenen Augen an; Die jungen Ochsen und Färsen im knietiefen Stroh der Hürden starrten die beiden Inspektoren träge an. Über diesem tierischen Leben, über den hohen Dächern und malerischen Giebeln hing das tiefe Blau der Nacht, durchbohrt von den Strahlen tausender Sterne.

„Alles klar", sagte Isaac, als sie bei den Schweinen fertig waren. „Übrigens, wo hat Trippett diesen neuen Hund angebunden?"

„Hinterhof, das habe ich ihm gesagt", antwortete Simpson lakonisch.

„Schauen wir uns ihn an", sagte Isaac.

Er führte sie zu einem gepflasterten Hof hinter dem Haus, wo in einer Ecke nahe der Hinterküchentür ein gemauerter Zwinger stand. Als sie ihre Schritte hörten, kam ein kleiner Collie hervor, der sich, als er sie sah, auf den Bauch legte und nach seiner Art seine Ehrerbietung erwies. Isaac betrachtete ihn aufmerksam.

„Ich habe noch nie solche Hunde gesehen, die Trippett erbeuten kann, Simpson", sagte er halb verdrießlich. „Warum bekommt er nichts Anständiges zum Anschauen?"

„Er sagt, dass es bei Schafen ohnehin ein selten gutes Exemplar ist", sagte Simpson.

„Das sagt er über alle", sagte Isaac. „Morgen probiere ich es selbst aus. Komm schon – ich sehe, sie haben ihm etwas zu essen gegeben."

Der Hund, immer noch kriechend, jammerte und zitterte. Er kam mit der Länge seiner Kette auf die beiden Brüder zu, zappelte lächerlich, wedelte mit dem Schwanz und starrte sklavisch aus seinen braunen Augen.

„Sieht nicht besonders gerupft aus", kommentierte Isaac. „Ich gehe davon aus, dass er ein weiterer von Trippetts Versager ist. Komm schon, Sim."

Sie gingen um das Haus herum, und der neue Hund, den der Schäfer an diesem Tag von einem ganz besonderen Freund für einen Herrscher gekauft hatte, zitterte und wimmerte, als das Licht verschwand. Dann zog er sich in seinen Zwinger zurück und rollte sich zusammen ... und lauschte, wie ein verängstigtes Kind in einem einsamen Raum lauscht.

Die beiden Brüder gingen um das Haus herum an der äußeren Koppel vorbei. Um sie herum liegt das Land, still wie das Meer, wenn kein Wind weht. Außer in ihren eigenen Fenstern war kein Geräusch zu hören und kein Licht zu sehen. Sie standen einen Moment lang unter der großen schwarzblauen, von Sternen durchbohrten Kuppel.

„Heute ist es hier ruhig, Sim, nachts", sagte Isaac mit einem Flüstern, das ganz unwillkürlich klang. „Ich hatte keine Ahnung –"

Crash verlor die Laterne aus Simpsons Hand – diese Hand packte zitternd und krampfhaft den Arm seines Bruders wie mit stählernen Fingern.

„Mein Gott, Isaac, was ist das! Das – da!" Er hat tief eingeatmet.

Isaac spürte, wie er zitterte, als er hinsah. Direkt in der Dunkelheit vor sich sah er etwas, das wie zwei leuchtend grüne Feuerbälle aussah – nein, rotes Feuer, gelbes Feuer, alle Arten von Feuer, die brannten, funkelten und ... auf ihn gerichtet waren. Und für eine Sekunde stand er wie Simpson wie gebannt da; dann mit einem wilden Schrei: „Eine Waffe, eine Waffe!" Er drehte sich um und rannte ins Wohnzimmer, gefolgt von seinem Bruder. Doch als sie einen Moment später mit ihren Waffen zurückstürmten, waren die Augen verschwunden. Und irgendwo im angrenzenden Wald erklang plötzlich in der tiefen Stille der Nacht ein seltsamer Schrei, wie ihn keiner von ihnen jemals zuvor gehört hatte. Es war ein langer, klagender Schrei, als wäre jemand in unendlicher Verzweiflung.

Die Brüder gingen schwer atmend zurück ins Haus und schlossen die Tür. Als wir im Salon einander ansahen, bemerkten wir, dass die Stirn des anderen vor Schweiß triefte; jeder wandte sich nach einem Blick vom Blick des anderen ab. Und jeder schenkte sich, wie aus gegenseitigem Instinkt, ein Glas Schnaps ein und trank es in einem Zug aus.

„Isaac", sagte Simpson, „da ist etwas!"

Isaac legte seine Waffe beiseite, schüttelte sich und versuchte zu lachen.

„Puh!" er sagte. „Wir sind ein paar Idioten, Simpson. Das liegt daran, dass es unsere erste Nacht hier ist und wir uns seltsam fühlen und nicht vergessen haben, was der Anwalt uns gesagt hat. Es war ein Fuchs."

„Ein Fuchs hat keine so großen Augen", sagte Simpson. „Und was ist mit diesem Schrei? So etwas hast du noch nie gehört, Isaac, noch nie! Ich auch nicht mehr."

„Eine Eule im Wald", sagte Isaac.

„Über Eulen darf man mich nicht täuschen", antwortete Simpson. „Nein, weder Hunde, noch Füchse, noch irgendetwas anderes, das nachts auf dem Land Lärm macht. Isaac, da ist etwas!"

„Oh, verdammt noch mal!" sagte Isaac. „Du wirst mich denken lassen, dass du genauso schlecht bist wie der Anwalt. Komm, lass uns ins Bett gehen."

Und sie gingen zu Bett, ohne dass etwas passierte, und schliefen. Doch sehr früh am nächsten Morgen wurde Isaac durch lautes Klopfen an seiner Tür geweckt. Dann ertönte die Stimme der Haushälterin, aufgeregt und verängstigt.

„Herr Isaac, Herr, Herr Isaac, stehen Sie bitte sofort auf, Herr!"

"Was ist los?" knurrte Isaac. „Steht der Ort in Flammen?"

„Dieser neue Hund, Sir, den Trippett gestern gekauft hat – oh, ich wünschte, Sie würden schnell herkommen, Sir – wir haben solche Angst!"

Isaac sprang plötzlich aus dem Bett, zog ein paar Kleidungsstücke an und stürzte aus seinem Zimmer. Auf dem Treppenabsatz traf er Simpson, ähnlich gekleidet und sehr blass.

„Ich habe sie gehört", sagte er. "Aufleuchten!"

Sie rannten die Treppe hinunter und durch die Küche in den kleinen Hof dahinter. Da stand eine Gruppe verängstigter Menschen – der Hirte, Trippett, ein oder zwei Pflüger, die Haushälterin, das Dienstmädchen. In ihrer Mitte, zu ihren Füßen, lag der unglückliche kleine Collie, tot. Und sie sahen auf den ersten Blick, dass ihm die Kehle herausgerissen worden war.

Als sie wieder im Haus waren, sahen sich die Brüder eine lange Minute lang schweigend an. Sie waren beide sehr blass und ihre Augen waren seltsam und ihre Hände zitterten. Simpson sprach als Erster: Seine Stimme war unsicher.

„Da ist etwas, Isaac", sagte er mit leiser Stimme. "Da ist etwas!"

Isaac biss die Zähne zusammen und ballte die Hände.

„Ich werde es durchstehen, Simpson", sagte er. "Ich werde es druchschauen."

„Ja, aber was ist das?" sagte Simpson.

„Warte", sagte Isaac.

Dann begann derselbe Verlauf der Ereignisse, der den kurzen Aufenthalt ihrer Vorgänger signalisiert hatte. Die Pferde hatten Angst in ihren Ställen; das Vieh wurde zusammengedrängt und keuchend in den Hürden gefunden; Die Schafe wurden vom Land in die umliegenden Straßen und Wälder vertrieben. Und die beiden Brüder schauten und schauten – und sahen nichts, nicht einmal die feurigen Augen. Bis zu diesem Zeitpunkt ihres Bestehens hatten weder Isaac noch Simpson Greaves gewusst, was es bedeutet, mit etwas außerhalb der rein materiellen Elemente des Lebens in Berührung zu kommen. Da sie aus einer guten, gesunden Familie stammten, die seit Generationen auf dem Land lebte und mit dem Land Geld verdiente, hatten sie nie etwas anderes getan, als ihre Angelegenheiten zu regeln, die Märkte scharf im Auge zu behalten und ebenso bequem zu schlafen, wie sie reichlich aßen. Sie waren ausgewogen; Sie waren nicht mit allzu viel Fantasie verflucht; Solche Dinge wie Nerven waren ihnen unbekannt. Doch mit ihrer Ankunft auf der High Elms Farm begannen sich die Dinge zu ändern. Der ständige Schrecken unter den Pferden und Rindern in der Nacht, dessen Ursache sie nicht ermitteln konnten; die Angst, nie zu wissen, was jeden Moment passieren könnte; Diese Dinge, die mit dem unvermeidlichen Schlafverlust einhergingen, beeinträchtigten die Gesundheit und den Appetit. Simpson gab zuerst nach; Er war etwas anfälliger für solche Dinge als sein Bruder und möglicherweise körperlich nicht so stark. Und Isaac bemerkte es und wurde immer wütender über diese geheime Sache, und das umso mehr, weil er sich so ohnmächtig fühlte, sie zu bekämpfen.

Eines Nachts erreichten die Dinge ihren Höhepunkt. Mitten in der Stille der Mitternacht brach in den Ställen ein Tumult aus. Man hörte die Pferde vor Angst schreien; Als die beiden Brüder bei ihnen ankamen, stellten sie fest, dass sich alle Tiere losgerissen hatten und dass sie um ihr Leben kämpften und kämpften, um sich einen Ausweg zu erzwingen – irgendwohin. Sie stürmten durch die Tür, die Isaak öffnete, warfen ihn in ihrem wilden Ansturm nieder, sprangen über die niedrige Mauer der Hürde und flohen schreiend in die Dunkelheit der Felder. Einige wurden am Morgen beim Umherstreifen des Landes gefunden; einige wurden aus entfernten Dörfern mitgebracht. Doch alle weigerten sich trotz verzweifelten Widerstands, die Ställe erneut zu betreten.

Ein paar Morgen später kam Simpson in Reisekleidung zum Frühstück.

„Schau her, Isaac", sagte er, „stell keine Fragen, aber vertrau mir. Ich gehe weg – wegen dieser Angelegenheit. Ich werde morgen Abend zurück sein. So kann es nicht weitergehen."

Dann tat er so, als würde er essen, und ging weg, und Isaac hörte nichts von ihm, bis er am nächsten Nachmittag in Begleitung eines Fremden zurückkam, eines großen, ergrauten, soldatenähnlichen Mannes, der einen

Bluthund an der Leine mitbrachte . Während des Abendessens besprachen die drei Männer die Dinge – der Fremde schien auf geheimnisvolle Weise zuversichtlich zu sein, dass er das Problem lösen konnte, das bisher unlösbar war.

In dieser Nacht war fast Vollmond – um neun Uhr erleuchtete er das ganze Land. Der Fremde ging mit seinem Bluthund auf die Koppel vor dem Haus und befestigte ihn an einem Pfahl, den Isaac zuvor sicher in den Boden getrieben hatte. Auf ein Wort von ihm bellte das große Tier dreimal – die tiefen Töne hallten in den stillen Wäldern wider. Und von irgendwo im Wald ertönte als Antwort das lange, verzweifelte Jammern, das die Brüder mehr als einmal gehört hatten und nie nachvollziehen konnten.

"Das ist es!" riefen sie gleichzeitig.

„Was auch immer es ist, es kommt", sagte der Meister des Bluthunds. „Mach dich bereit dafür."

Er sprach ein Wort mit dem Hund, der sich sofort vertrauensvoll am Fuße des Scheiterhaufens niederließ. Er und die Brüder, jeder mit einer Schrotflinte bewaffnet, stellten sich hinter einer Reihe von Sträuchern am Rande des Gartens auf und warteten.

Einige Minuten vergingen; dann bewegte sich der Bluthund und jammerte.

„Kommt", sagte der Besucher.

Der Bluthund begann bedrohlich zu knurren – im Mondlicht sahen sie, wie er sich sträubte.

„In der Nähe", sagte sein Meister.

Im Gehölz vor ihnen hörten sie das leise Rascheln eines Körpers, der über getrocknete Blätter gezogen wurde. Dann--

"Die Augen!" flüsterte Simpson. "Schau da!"

Aus der Schwärze des Unterholzes leuchteten die beiden leuchtenden Augen, die die Brüder zuvor gesehen hatten, wie bösartige Sterne. Sie standen einen Moment lang still; Dann, als das Knurren des Bluthundes heftiger und lauter wurde, bewegten sie sich vorwärts und wurden größer. Und plötzlich tauchte im Licht des Mondes eine große, graue, hagere Gestalt auf, die sich auf dem Bauch vorwärts drängte, bis sie schließlich völlig entblößt dalag, den Kopf zwischen den Pfoten und die unheilvollen Augen auf den Hund gerichtet.

"Stetig!" flüsterte der Besucher. „Es wird aufstehen – es fragt sich, von welcher Seite es auf ihn losgehen soll. Warte, bis ich das Wort gebe."

Der Schwanz des grauen Dings begann hin und her zu schlagen; sein Körper begann zu zittern. Nach und nach erhob es sich vom Boden und begann im

Kreis auf den Bluthund zuzukriechen, wobei er nun wie wild an seiner Kette zerrte. Die wilden Augen waren schräg gerichtet; da war ein hässlicher Schimmer entblößter weißer Reißzähne; Der Schritt war der eines Panthers. Plötzlich krümmte sich sein Rücken, seine Gliedmaßen schienen sich zu sammeln.

"Jetzt!"

Die drei Kanonen erklangen gleichzeitig, und die graue Gestalt, die bereits in die Höhe sprang, zuckte krampfhaft zusammen und fiel dicht neben dem angebundenen Hund zusammen. Da lag es – still. Simpson Greaves holte eine Laterne, die er im Haus bereitgehalten hatte, und die drei Männer gingen zu dem toten Tier und untersuchten es. Bis zu diesem Moment hatten sie sich nicht sicher gefühlt, was es wirklich war, das sie zerstört hatten – nun sahen sie sich einem großen Hund unbekannter Rasse gegenüber, gewaltig in der Größe, eher wolfsartig als hundeähnlich, mit einem bösen Kiefer und grausamen Reißzähnen, der … sogar im Tod knurrte. Und einer von ihnen begann zumindest, das Geheimnis einigermaßen zu verstehen.

Der Lärm der Schießerei hatte die anderen Bewohner des Hauses aufgeweckt; Sie rannten auf die Koppel, um zu hören, was passiert war. Auch die Frau aus der benachbarten Hütte, die früher für Josiah Maidment gekocht und aufgeräumt hatte, kam herbeigeeilt. Und als sie das tote Tier im Licht der Laterne betrachtete, hob sie ihre Hände mit einem scharfen Ausruf.

„Herr, mein Gott, wenn das nicht der tolle Hund von Mr. Maidment ist!" Sie sagte. „Es ist mit ihm verschwunden, genau an dem Morgen, als er verschwand."

„Warum hast du uns nicht gesagt, dass Maidment einen Hund hat?" knurrte Isaac. "Davon habe ich noch nie gehört."

„Aber, Herr, ich bin mir sicher, dass ich nie daran gedacht habe", sagte die Frau. „Aber er hatte es, und das ist alles, so sicher ich ein Christ bin. Es war das wildeste Tier, das man je gesehen hat – ließ niemanden in die Nähe des alten Herrn. Wo kann es die ganze Zeit gewesen sein?"

„Genau das", sagte der Meister des Bluthundes, „werden wir herausfinden."

Er befreite den Hund von seiner Kette, legte ihn an die Leine und forderte die Brüder auf, ihm zu folgen. Dann schickte er den Hund auf die Spur des toten Tieres – Hund und Männer brachen in den tiefen Wald ein. Es gab keine Unterbrechung ihres Kurses, kein Abwenden, keinen Geruchsverlust. Das Bellen des Usurpators war vom ehemaligen Hüter der High Elms Farm sofort erwidert worden. Durch dichtes Unterholz, auf kaum passierbaren Wegen, unter Dickicht und Büschen zogen die drei Männer, angeführt von dem sich abmühenden Hund, weiter, bis sie zu einem tiefen Tal im Wald kamen, wo unter überhängenden Bäumen ein Kalksteinfelsen hervorragte. Hier, hinter einem Dornengestrüpp, das es niemandem im Tal verbarg, blieb der Hund an einem Loch stehen, das gerade groß genug war, um einen ausgewachsenen Mann hineinzulassen. Im Licht der Laterne, die Simpson mitgebracht hatte, sahen sie die Fußspuren eines Hundes auf dem lockeren Boden.

„Da drin ist eine Höhle", sagte der Meister des Bluthundes. „Gib mir das Licht – ich gehe hinein."

„Dann werde ich es auch tun", sagte Isaac energisch.

„Und ich", sagte Simpson.

Der Tunnel, der in die Höhle führte, war nur wenige Fuß lang; Sie waren schnell in der Lage, aufrecht zu stehen und das Licht um sich herum zu werfen. Und in gegenseitiger Angst packten sie einander an den Armen, denn dort lag zusammengekauert auf dem Boden der Körper eines alten, grauhaarigen Mannes, der offensichtlich vom Tode getroffen worden war, als er über den geheimen Schatz zählte, aus dem er dies gemacht hatte einsamer Ort des Gefäßes.

„Wir werden diesem armen Tier ein würdiges Begräbnis geben", sagte der Herr des Bluthundes, als sie zum Hof zurückkehrten. „Er war auf seine Weise ein primitiver Wilder, aber ein seltener Verfechter dessen, was er für seine Rechte hielt. Begrabt ihn unter der großen Ulme."

KAPITEL II

EIN FREMDER IN ARCADY

Niemand wusste, woher das Tier kam, das später im Dorf so berühmt wurde und dessen nüchterne Stille einen unerwarteten Hauch von Romantik verlieh. Sein Kommen war so geheimnisvoll wie das Fallen von Regen oder das Wachsen von Mais in der Nacht; Es muss tatsächlich in der Nacht angekommen sein, denn es war sicherlich ein fester Bestandteil von Little St. Peter's, als Little St. Peter's eines Morgens erwachte. Die Frühaufsteher, die unterwegs waren, bevor die hauchdünnen Hecken den ersten Kuss der Herbstsonne gespürt hatten, bemerkten die Anwesenheit eines bemerkenswert mageren Schweins, das mit neugieriger Nase und fragendem Blick die einzige Straße des Dorfes erkundete. und flatternde Ohren. Es ging von einer Straßenseite zur anderen und war offensichtlich auf der Suche nach allem, was ihm in Form von Essen in den Weg kommen könnte. In der Nähe des Eingangs zum Kirchhof stand eine Eiche; Der Fremde blieb darunter stehen, solange zwischen den abgefallenen Blättern eine Eichel zu finden war. Ein Stück weiter stand in der Hecke des Pfarrers ein Zierapfelbaum, dessen Früchte selbst für den hartgesottensten Jungen des Dorfes zu bitter waren; Dort hielt es an, um die gefallenen sauren Kräuter zu verschlingen, die im leuchtenden Gras lagen. Aber es ging immer weiter, suchte und fragte, und seine Augen wurden immer hungriger, je schneller sein schwingender Gang wurde. Und als es schließlich zu einer Lücke im Zaun von Witwe Groobys Garten gelangte, bahnte es sich seinen Weg hindurch und machte sich an die Arbeit an den Kartoffeln der einsamen Frau.

Eine Stunde später wurde der Plünderer aus diesem Zufluchtshafen vertrieben und trug auf seinem mageren Körper die Spuren der Gerte, mit der Witwe Grooby ihn vertrieben hatte, aber in seinen Rippen das angenehme Bewusstsein einer herzhaften Mahlzeit. Als es seinen letzten Protest gegen den Wechsel geäußert hatte, ging es wieder die Straße entlang, verstohlen und ohne Freunde, aber dieses Mal im gemächlicheren Tempo des Dings, das gefrühstückt hat. Witwe Grooby blickte mit zorniger Miene hinterher.

„Ich würde gerne wissen, wessen großes hungriges Biest das ist!" „Bemerkte sie zu einem Nachbarn, der von den Wehklagen des Schweins zur Tür ihrer Hütte gelockt worden war, als er den Tatort seiner Missetaten verließ." „Es ist überall in meinem Garten herumgestreut und hat eine halbe Reihe meiner besten Kartoffeln weggeworfen, verdammt. Und das hätte es nicht tun können, Julia Green, wenn dein Johnny nicht diese Lücke in meinem Zaun gemacht hätte, als ich gerannt bin." Er ist gestern Abend ausgefallen, weil er bei meinen Winteräpfeln war, nein, das konnte nicht sein!

„Unser William hat nichts anderes zu tun, als Lücken zu schließen", sagte Mrs. Green mürrisch. „Und die Lücke war da, bevor unser Johnny hindurchkam. Und es ist sowieso nicht unser Schwein, denn unseres ist in diesem hier gegenwärtigen Moment in seinem Stall und isst sein Frühstück, also da!"

Das stillose und ordentliche Frühstücksschwein, das sich dieser Diskussion und ihrer Möglichkeiten, sich zu einem guten, altmodischen, nachbarschaftlichen Streit zu entwickeln, nicht bewusst war, ging weiter die Dorfstraße entlang und suchte immer noch nach Gold. Es waren jetzt Leute unterwegs, Männer und Frauen, und die Tür des Fox-and-Fiddle war aufgerissen worden, und ein oder zwei Stammgäste standen in der mit Sand bestreuten Halle und nahmen ihr gewohntes Morgenglas. Das Schwein ging vorbei und als es vorbeikam, richtete es seine neugierige Nase auf den Geruch von abgestandenem Bier und Tabak. Er ging vorwärts, und als er ging, steckte hinter ihm einer der Männer seinen Kopf aus der Tür.

„Wessen Schwein ist das da?" sagte er und kratzte sich am Ohr. „Ich kann mich nicht erinnern, dieses Schwein schon einmal gesehen zu haben, nirgendwo."

Ein anderer Mann, der an der Bar stand, ging zur Tür und blickte auf den Fremden. Er war ein seltsam aussehendes Individuum, sehr schweineartig, mit sehr rotem und fettigem Gesicht und Händen und so kahl, wie ein Mensch nur sein kann. Über seiner Kleidung trug er eine blaue Leinenschürze, und an seiner Seite baumelte ein beeindruckender Stahl an einem Ledergürtel. Kurz gesagt, er war der Metzger und Schweineschlachter des Dorfes und interessierte sich beruflich für Schweine aller Klassen. Und er musterte das wandernde Schwein mit scharfem Blick, schüttelte den Kopf und wandte sich wieder seinem Bier zu. Er kannte jedes Schwein in Little St. Peter's – dies war ein Streuner von woanders.

„Das gehört uns nicht", sagte er mit einem Hauch von Verachtung. „Jack Longbottoms Schwein ist das einzige bei Peter, dem es schlecht geht, und es ist einen Stein schwerer als das Schwein."

„Dann wird es ein armes Schwein sein!" bemerkte der andere Mann. „Aber Jack war nie ein großer Helfer bei der Schweinefütterung."

Das herrenlose Schwein setzte seine Erkundungen fort. Er ging ein oder zwei Nebenwege hinauf, schaute hier und dort zu den Toren eines Gehöfts hinein, kehrte aber jedes Mal unbefriedigt auf die Straße zurück. Es gelang ihm, ein leichtes Mittagessen aus einer Schüssel Kartoffelschalen zu sich zu nehmen, die eine Frau im Vorbeigehen auf die Straße warf, aber er war immer noch hungrig und hatte Visionen von einem Trog, der reichlich mit Schweinemehl gefüllt war. Und als er mittags ausgehungert war und sich an die Lücke im

Gartenzaun der Witwe Grooby erinnerte, ging er rücksichtslos dorthin zurück, und als er feststellte, dass William Green ihn noch nicht repariert hatte, bahnte er sich seinen Weg hindurch und begann erneut mit einer Arbeit zerstörerischer Natur.

Diesmal unternahm Witwe Grooby, als sie ihn entdeckte, keine persönlichen Anstrengungen, um den Eindringling zu vertreiben. Sie war einen Tag lang mit Stärken und Bügeln beschäftigt, da sie von Beruf Wäscherin war, und sie und ihre Assistentin, eine junge Frau, die ein paar Häuser weiter wohnte, seien genauso dicht gedrängt gewesen wie Throps Frau, sagte Mrs. Grooby, und ließen sich nicht von ihnen stören irgendetwas oder irgendjemand.

„Gesegnet, wenn dieses verdammte Schwein nicht in meinem Garten ist!" rief Witwe Grooby aus. „Das ist heute Morgen das zweite Mal, und jetzt geht es um die Karotten. Allerdings ist es nicht die Aufgabe einer Frau, streunendes Vieh aufzunehmen – Martha Jane, geh mal zu James Burton, dem Pinder, und sag ihm, dass auf meinem Grundstück ein seltsames Schwein ist." , und ich werde ihm danken, dass er es sofort herausholt und in die Stecknadeltasche steckt, wo es sein rechtmäßiger Platz ist, und dass sie kommen und dafür bezahlen können – und dann werde ich mit ihnen darüber reden Mich für den Schaden bezahlen, den es angerichtet hat.

Der Pinder, der bei seinem Abendessen unterbrochen wurde, kam langsam und unwillig, seiner Pflicht nachzukommen. Es war keine leichte Sache, ein streunendes Schwein in den Dorfstall zu treiben; Mit streunenden Pferden, Eseln und Rindern war es nicht so schwierig, mit einem Schwein umzugehen.

„Wessen Schwein ist das?" erkundigte er sich mürrisch, während er Martha Jane folgte und seine letzten Bissen aß. „Wenn es dieser wilde Rorp-Skorpion von Green ist, warum holen sie ihn dann nicht selbst heraus?"

„Dann ist es das nicht", antwortete Martha Jane. „Es ist ein Tier, das aus dem Nichts kommt, und Sie müssen es sofort in die Stecknadel stecken", sagt Mrs. Grooby.

„Oh, tatsächlich!" bemerkte der Pinder. „Und ich frage mich, wie es ihr gefallen würde, ihr Abendessen abzubrechen, um Schweine zu zerteilen. Wie auch immer –"

Gerade kamen Jungen und Mädchen aus der Schule, und Mr. Burton nahm ihre Dienste in Anspruch, um das streunende Schwein aus dem Garten der Witwe zu treiben und zum Ort der Einkerkerung zu bringen. Wie ein Schwein zeigte es, sobald es anfing, geschnitten zu werden, eine starke Neigung, irgendwohin zu gehen, außer dorthin, wo es hinwollte. In wenigen Augenblicken herrschte auf der ruhigen Straße Lärm und Aufruhr.

Die Pinole lag im Schatten des alten Kirchentors, das den Zugang zum Kirchhof, den weitläufigen Eiben und der alten Kirche selbst ermöglichte. Wie alles andere war es grau und abgenutzt und roch nach einer längst vergangenen Vergangenheit. Eine quadratische Umzäunung aus grauen, mit Flechten bedeckten Mauern, an deren einer die Dorfbestände standen, an der anderen die Aufstiegsstufen, von denen so mancher schöner alter Gutsherr und lebhaftes Fräulein den Sattel genommen hatte, um von der Kirche nach Hause zu reiten, deren Inneres heute nur noch selten zu sehen ist verwendet, war eine Masse von Ampfer und Brennnesseln; Die Tür war grün und schimmelig und hätte ein paar kräftigen Tritten eines dicken Hinterns kaum standgehalten. Als diese Tür jedoch für die Aufnahme von Gefangenen geöffnet wurde, wichen die meisten von ihnen zurück.

Das Schwein erwies sich ebenso wenig bereit, ins Tierheim zu gehen wie jeder seiner vielen Vorgänger. Er schaute hinein, sah die wenig einladende Düsternis, die Brennnesseln, die Ampeln, das Fehlen von irgendetwas, in dem er Wurzeln schlagen konnte, und er drehte sich um und unternahm tapfere Anstrengungen, um seinen Häschern zu entkommen. Er verdoppelte sich hin und her; er kämpfte sich aus Ecken heraus; Er versuchte, sich durch das Kirchentor zu schlängeln. Der Pinder, der sich an sein unterbrochenes Abendessen erinnerte, schrie; die Jungen schrien; Die Mädchen schrien. Aber das streunende Schwein, das hierhin und dorthin auswich, entging immer noch ihren Versuchen, es zu beschlagnahmen, obwohl es jetzt ein wenig schrie und kurzatmig wurde. Plötzlich brach er wie erschöpft an der Friedhofsmauer zusammen.

In diesem Moment kam Miss Lavinia Dorney, die das hübsche Haus und den Garten in der Nähe der Kirche bewohnte, an den Fuß ihres Rasens, angezogen von der ungewöhnlichen Aufregung, und erblickte das erschöpfte Schwein und seine Peiniger. Miss Lavinia war eine jungfräuliche Dame von feiner Erscheinung, sehr edel und würdevoll im Benehmen, die für ihre Schals und Mützen bekannt war, die sie beide mit Vornehmheit trug. Sie sah sehr imposant aus, als sie dort stand, halb verdeckt von der glänzenden Stechpalmenhecke, deren sorgfältig geschnittene Kanten so gut zur Eleganz ihrer Umgebung passten, und Burton berührte seine Mütze, die Jungen zogen ihre Stirnlocken und die Mädchen knicksen.

"Liebe mich!" rief Miss Lavinia und hob einen elegant montierten Zwicker an den Nasenrücken ihrer aristokratischen Nase. „Meine Güte, was für ein Lärm! Oh, das bist du, James Burton, nicht wahr? Und worum geht es bei all dieser Aufregung?“

„Wir wollen das Schwein da in den Steckstall kriegen, Mama“, antwortete der Pinder und wischte sich die Stirn. „Aber es ist das widersprüchlichste Biest, das ich je gesehen habe! Es hat fast den gesamten Küchengarten von Herrin Grooby aufgefressen."

Miss Lavinia schaute genauer hin und entdeckte den Flüchtling.

"Liebe mich!" Sie sagte. „Es muss hungrig sein, Burton. Wessen Tier ist es?"

„Keine Ahnung, Mama", antwortete der Pinder in einem Tonfall, der darauf hindeutete, dass er überhaupt kein Interesse an dem Thema hatte. „Aber es ist kein Schwein vom Kleinen Peter — es ist zu dünn, da ist nichts als Haut und Knochen drauf. Ich bin der Meinung, Mama, es würde alles fressen, dieses Schwein würde es tun, wenn es die Chance dazu hätte."

„Und wer wird es im Pfund füttern?" fragte Miss Lavinia.

Burton schüttelte den Kopf. Ihm ging es viel mehr darum, sich selbst zu ernähren, als darum, das Schwein zu füttern.

„Keine Ahnung, Mama", antwortete er. „Es geht mich nichts an. Und vielleicht kommt nie jemand wegen dieses Schweins, und es ist nichts als Haut und Knochen, so wie es ist."

„Das arme Tier braucht Futter und Ruhe", sagte Miss Lavinia entschieden. Sie drehte sich um und rief über ihren Rasen. „Mitchell — komm her", befahl sie.

Ein Mann, der offensichtlich ein Gärtner war, kam näher und zeigte seine Neugier. Miss Lavinia zeigte auf die Gruppe auf der Straße unterhalb der Stechpalmenhecke.

„Mitchell", sagte sie, „gibt es im Stallhof nicht einen Schweinestall?"

Mitchell, Kutscher, Gärtner und allgemeines Faktotum in Miss Lavinias kleinem Betrieb, bekam eine Vorstellung davon, was seine Herrin meinte, und schnappte fast nach Luft. Ein Schwein in seinem sorgfältig gepflegten Eingemachten!

„Nun, Ma'am", sagte er und rieb sich das Kinn, „es gibt sicherlich einen Schweinestall, Ma'am. Aber er wurde nie benutzt, seit wir hierher kamen, Ma'am."

„Dann werden wir es jetzt nutzen, Mitchell", sagte Miss Lavinia. „Es gibt ein armes Tier, das Ruhe und Erfrischung braucht. Burton und die größeren Jungs werden dir helfen, es hineinzutreiben, und Burton hat vielleicht ein halbes Liter Bier und die Jungs ein paar Äpfel. Sorgen Sie dafür, dass das Schwein Stroh oder Heu hat. oder was auch immer angemessen ist, Mitchell, und nun, alle kleineren Kinder, lauft nach Hause zu euren Abendessen.

Niemand dachte jemals daran, einen Befehl von Miss Lavinia Dorney in Frage zu stellen, und das streunende Schwein war schon bald sicher in einem Stall untergebracht, der sicherlich noch nie zuvor benutzt worden war.

„Schöner neuer Job für dich, Mitchell!" sagte Burton bei einem Krug Bier in der Küche. „Und wenn Sie einen Rat brauchen, halten Sie das Biest fest – es ist ein gutes Tier für Gärten."

„Sie wissen nicht, aus welcher Richtung er kam?" fragte Mitchell besorgt.

"Nicht ich!" antwortete der Pinder. "Wozu?"

„Nichts", sagte Mitchell. „Zumindest wenn du es wüsstest, würde ich meinen Sohn auf die Straße schicken und Nachforschungen über ihn anstellen. Er muss jemandem gehören, und ich möchte keine Schweine in meinem Stallhof haben. Und weißt du, was die Frau ist? – Wenn sie Lust auf irgendetwas hat, dann –"

Mitchell schloss mit einer ausdrucksstarken Grimasse und Burton nickte mitfühlend. Dann erinnerte er sich an sein Abendessen und eilte davon, und der Gärtner, der seit vielen Jahren keine Schweine mehr gehalten hatte, bat den Koch um einen weiteren Krug Bier, um ihm zu helfen, sich daran zu erinnern, was das Grundnahrungsmittel dieser Tiere wirklich war. Während er es verzehrte, wurden seine Gedanken zu diesem Thema immer großzügiger, und als Miss Lavinia Dorney nach dem Mittagessen in den Stallhof ging, um zu sehen, wie es ihrem neuesten Schützling ging, fand sie vor, dass der Neuankömmling in einem Stil lebte und untergebracht war, der... er selbst hat davon vielleicht geträumt, aber zwei Stunden zuvor sicherlich nie damit gerechnet.

„Ich freue mich, dass Sie es dem armen Ding so bequem gemacht haben, Mitchell", sagte Miss Lavinia. „Natürlich verstehst du, was Schweine brauchen?"

„Oh ja, gnädige Frau!" antwortete Mitchell. „Was ein so gutes Schwein braucht, ist viel gutes Weizenstroh zum Liegen und das beste Schweinemehl – das sind zerstoßene Erbsen und Bohnen und Mais und so etwas, Madam – und gekochte Kartoffeln, und das gibt es nicht das Schlimmste für einen schönen heißen Brei ab und zu. Sie sind sehr gute Esser, es sind Schweine, Ma'am, und auch ungewöhnlich herzhaft.

„Glaubst du nicht, dass das ein sehr dünnes Schwein ist, Mitchell?" fragte die Herrin.

„Ja, Ma'am, er ist ungewöhnlich dünn", antwortete Mitchell. „Ich sollte sagen, gnädige Frau, dass dieses Schwein gewusst hat, was es heißt, hungrig zu sein."

"Armes Ding!" sagte Miss Lavinia. „Nun, sorgen Sie dafür, dass er alles hat, was er essen kann, Mitchell. Natürlich muss ich für seinen Besitzer werben – sind Sie sicher, dass er niemandem im Dorf gehört?"

„Ich bin mir sicher, dass er das nicht tut, Ma'am!" antwortete Mitchell. „In Little St. Peter's gibt es kein anderes Schwein, das so dünn ist wie es. Auch nicht in Great St. Peter's, Ma'am", fügte er wie im Nachhinein hinzu.

„Nun, da sein früherer Besitzer oder seine früheren Besitzer ihn scheinbar vernachlässigt haben", sagte Miss Lavinia mit strenger Entschlossenheit, „werde ich ihn gut füttern, bevor ich ankündige, dass er gefunden wird. Sorgen Sie also dafür, Mitchell. Und übrigens, Mitchell, denkst du nicht, dass er sehr schmutzig ist?"

Mitchell beäugte das Schwein. Sein Blick war ausdrucksstark.

„Ich glaube, er muss draußen geschlafen haben, Ma'am", antwortete er. „Wenn ein Tier obdachlos wird, wird es vernachlässigt, das ist schockierend."

„Könntest du ihn nicht waschen, Mitchell?" schlug Miss Lavinia vor. „Ich bin sicher, es würde ihm gut tun."

Mitchell streichelte sein Kinn.

„Nun, Ma'am", sagte er, „ich habe noch nie davon gehört, dass ein Schwein gewaschen wird, es sei denn, es geschah zur Schau oder nachdem es getötet wurde, Ma'am, aber ich wage zu behaupten, dass ich es könnte, Ma'am. Sobald Ich habe eine Stunde Zeit, Ma'am", fuhr er fort, „ich werde meinen Sohn bitten, mir zu helfen, und wir werden heißes Wasser haben und den größten Schlauch im kleinen Hof auf ihn richten – das werde ich." Nehmen Sie es ihm ab, Ma'am!"

Miss Lavinia stimmte diesem Vorschlag herzlich zu und ging weg, und Mitchell bemerkte bei sich, dass kein Mensch jemals wüsste, was ein Tag nicht bringen würde, und ging in den einsamsten Teil des Gartens, um zu rauchen. Später am Nachmittag führten er und sein Sohn die Waschungen für das Schwein durch, und der jüngere Mitchell, der bemerkte, dass es keinen Sinn habe, halbe Sachen zu machen, holte eine starke Bürste aus der Spülküche und putzte das Tier so erfolgreich, dass es aussah, als wäre es war gerade getötet und verbrüht worden. Miss Lavinia, die ihn am nächsten Morgen auf ihrem üblichen Rundgang durch die Ställe und den Geflügelhof besuchen wollte, freute sich über sein verändertes Aussehen und lobte ihren Gärtner vorbehaltlos.

Mitchell war jedoch nicht so sehr von seinem neuen Beruf begeistert, sondern gab vielmehr vor, in der Gegenwart seiner Geliebten zu sein. Zum einen war er gerade sehr beschäftigt im Garten; Zum anderen begann das Schwein, seine Zeit immer mehr in Anspruch zu nehmen. Es entwickelte schnell einen äußerst außergewöhnlichen Appetit, oder besser gesagt, manifestierte ihn , und durch eine fast böswillige Vorahnung entdeckte es, dass es nur laut nach allem rufen musste, was es wollte, um seine Wünsche sofort zu befriedigen. Niemand, der zufällig seinen Einzug in Little St. Peter's gesehen hätte, hätte ihn nach zwei Wochen wiedererkannt. Seine Rippen waren nicht mehr sichtbar; es begann, auf seinem Rücken eine gewisse Breite zu bekommen; seine funkelnden Augen verschwanden in seinen Wangen. Die wöchentliche Rechnung für Kost und Logis belief sich auf einen beträchtlichen Betrag in Schilling, aber Miss Lavinia stellte weder Fragen noch murrte sie darüber. Sie freute sich über die Fortschritte des Schweins und glaubte, dass es sie erkannt hatte. In ihrer Stimme lag deutliches Bedauern, als sie eines Morgens bemerkte:

„Jetzt, wo es dem Tier nach seinen Wanderungen so viel besser geht, Mitchell, denke ich, dass wir für seinen Besitzer werben müssen. Er wird zweifellos froh sein, sein Eigentum wiederzuerlangen. Ich werde die Anzeige noch heute aufschreiben und absenden es an die Zeitung.

Mitchell streichelte sein Kinn. Er hatte andere Ideen – seine eigenen.

„Ich glaube nicht, dass das nötig ist, Ma'am", sagte er. „Ich habe Nachforschungen über dieses Schwein angestellt, und ich glaube eher, dass ich weiß, wer es ist, da es rechtmäßig gehört. Wenn Sie es mir überlassen, gnädige Frau, denke ich, dass ich es ohne Sicherheit mit Sicherheit herausfinden kann." Werbung für ihn.

„Sehr gut, Mitchell", stimmte Miss Lavinia zu. Dann fügte sie halb wehmütig hinzu: „Ich hoffe, sein Besitzer wird froh sein, ihn wieder zu haben."

„Ich glaube nicht, dass daran große Zweifel bestehen, Ma'am", sagte Mitchell und warf einen Blick auf das Schwein, das sich in diesem Moment mit seinem dritten Frühstück vollstopfte. „Ich denke, dass sich jeder freuen würde, wenn so ein Schwein nach Hause kommt und genauso gut aussieht wie das, was es macht."

„Und so schön sauber, Mitchell, dank Ihnen", sagte Miss Lavinia.

Mitchell antwortete bescheiden, dass er sein Bestes gegeben habe, und als seine Frau ins Haus gegangen war, klopfte er dem Schwein auf den Rücken, nur um zu zeigen, dass er es sich besser gedacht hatte als zuvor.

„Gesegnet, wenn ich noch nichts aus dir mache, mein feiner Kerl!" er sagte.

An diesem Abend, nachdem er zu Abend gegessen hatte, zog Mitchell seinen zweitbesten Anzug an und besuchte einen Kleinbauern, der etwa drei Meilen entfernt in einer einsamen Gasse wohnte. Er verbrachte ein oder zwei sehr angenehme Stunden mit dem Bauern und ging erfüllt von dem friedlichen

Glück, das immer auf diejenigen wartet, die gute Taten vollbringen und gut durchdachte Pläne zum Erfolg führen.

„Es wird ihm nützen und es wird mir nützen", überlegte er, als er nach Hause ging und eine Zwei-Penny-Zigarre rauchte, die ihm der kleine Bauer in voller Dankbarkeit aufgedrängt hatte. „Und wenn das nicht so sein sollte, dann bin ich ein Holländer!"

Als Miss Lavinia am nächsten Tag in ihrem Morgenzimmer saß und die Wochenabrechnungen durchging, verkündete das Stubenmädchen die Ankunft einer Person, die sagte, er sei wegen des Schweins gekommen. Miss Lavinia blickte zweifelnd auf die makellose Sauberkeit des Leinenteppichs und fragte das Stubenmädchen, ob die Stiefel der Person sauber zu sein schienen. Da es zufällig ein strahlend frostiger Morgen war, hielt das Stubenmädchen die Person für geeignet, eingelassen zu werden, und brachte ihn herein – einen Mann mit zwielichtigen Augen und einem roten Haarschopf, der sich duckte und Miss Lavinia anschrie, als verspüre er eine seltsame Freude daran sie zu treffen.

„Du bist also wegen des Schweins gekommen, das ich gefunden habe!" sagte Miss Lavinia freundlich. „Es muss Ihnen sehr leidgetan haben, es zu verlieren."

Der Anrufer blickte zur Decke, untersuchte sie sorgfältig und betrachtete dann die Innenseite seines alten Hutes.

„Es tat mir leid, Mama", sagte er. „Das wäre ein echtes Tier, Mama – es ist ein wohlerzogenes Tier."

„Aber bei mir war es so dünn und – und schmutzig", sagte Miss Lavinia mit Nachdruck. „Wahnsinnig dünn und sehr, sehr schmutzig. Mein Gärtner musste es mit heißem Wasser waschen."

Der Mann kratzte sich am Kopf und schüttelte ihn dann.

„Ah, ich denke, Mama!" er sagte. „Natürlich ist es, wenn ein Schwein von seinem eigentlichen Zuhause abweicht, wie ein Mann, der auf dem Landstreicher unterwegs ist – es schenkt sich selbst keine rechte Aufmerksamkeit. Nun, als ich es hatte, ah! – nun, es war ein Bild , und kein Fehler.

„Sie werden es jetzt sehen", sagte Miss Lavinia, die das Gefühl hatte, dass die letzten Worte des Anrufers eine Art Herausforderung enthielten. „Sie werden sehen, dass wir es nicht vernachlässigt haben, solange es hier ist."

Sie ging voran zum Stallhof oder zum Stall, wo das verwöhnte Schwein das beste Weizenstroh genoss und ein gemütliches Frühstück genoss – selbst Miss Lavinia hatte das bemerkt, jetzt, da es sich seiner Mahlzeiten sicher war, und zwar noch mehr von ihnen, wie es wollte, fraß es sie mit herrschaftlicher Gleichgültigkeit auf. Es blickte nach oben – der Mann mit den roten Haaren blickte nach unten. Und plötzlich zuckte er überrascht zusammen und stieß einen scharfen Pfiff aus.

"Ja Mama!" sagte er mit Überzeugung. „Das ist mein Schwein – ich kenne es so gut wie meine eigene Frau.“

„Dann müssen Sie es natürlich haben“, sagte Miss Lavinia. In ihrer Stimme lag ein Anflug von Bedauern – das Schwein war bereits zu einem festen Bestandteil des Stallhofs geworden, und sie glaubte, dass er seine Wohltäterin kannte. „Ich nehme an“, fuhr sie fort, „dass du viele Schweine hast?“

„Ein paar davon, Mama“, antwortete der Mann.

„Würden Sie – ich dachte vielleicht, dass Sie, da Sie andere haben und dieser sich hier niedergelassen zu haben scheint, vielleicht dazu geneigt wären – ihn tatsächlich an mich zu verkaufen?“ sagte Miss Lavinia hastig.

Der Rothaarige kratzte sich erneut am Kopf.

„Natürlich, Mama, Schweine dienen dem Verkauf“, sagte er. „Aber dieses Schwein ist eine ungewöhnlich schöne Rasse. Was würdest du für ihn geben, Mama, so wie er jetzt ist?“

In diesem Moment stieß das Schwein, satt mit Futter und völlig glücklich, mehrere zufriedene Grunzer aus und begann, seine Schnauze an der Tür des Stalls zu reiben. Miss Lavinia hat sich entschieden.

„Würden Sie zehn Pfund für eine angemessene Summe halten?“ sie fragte schüchtern.

Der rothaarige Mann wandte den Kopf ab, als wollte er diesen Vorschlag unter vier Augen erwägen. Als er sich wieder umdrehte, war sein Gesicht sehr ernst.

„Na klar, Mama“, sagte er, „natürlich, wie ich schon sagte, er ist ein echtes Tier, aber da du ihn gefüttert hast, seit er gefunden wurde, und eine Vorliebe für ihn hast – nun, wir“ Ich sage zehn Pfund, Mama, und da ist es!“

„Wenn Sie dann ins Haus kommen, gebe ich Ihnen das Geld“, sagte Miss Lavinia. „Und Sie können sicher sein, dass wir das Schwein gut behandeln werden.“

„Da bin ich mir sicher, Mama“, sagte der Verkäufer. „Und sehr hübsch, du wirst ihn finden, wenn seine Zeit gekommen ist.“

Dann holte er sein Geld, trank einen Krug Bier und ging mit großer Freude weg. Auf dem Heimweg traf er Mitchell, der mit dem leichten Karren in der Marktstadt gewesen war und an der Straße anhielt. Seite bei seinem Anblick.

Der rothaarige Mann zwinkerte dem Gärtner wissend zu.

"Also?" sagte Mitchell.

„In Ordnung", antwortete der andere. Er zwinkerte erneut.

Mitchell begann unruhig zu wirken.

„Wo ist das Schwein?" er hat gefragt.

„Wo ich es gefunden habe", antwortete der rothaarige Mann. „Im Stall."

„Warum hast du es nicht mitgebracht?" fragte Mitchell. „Du hast gesagt, dass du es tun würdest."

Der rothaarige Mann zwinkerte erneut und lächelte breit.

„Ich habe es verkauft", sagte er. „Habe es an deine Frau verkauft. Für zehn Pfund."

Er klopfte auf seine Tasche und Mitchell hörte die Sovereigns klingeln. Er wäre fast von seinem Sitz gefallen.

„Verkauft! – an unsere Missis! – für zehn Pfund!" er rief aus. „Sie – nun ja, es gehörte nicht Ihnen, es zu verkaufen!"

„War es nicht?" sagte der rothaarige Mann. „Nun, da irren Sie sich, Mestur Mitchell, denn es war so. Ich wusste es, sobald ich es sah, denn es hatte ein Mal im linken Ohr, das ich ihm selbst gegeben hatte. Und wie Ihre Frau es getan hatte Ich fand Gefallen daran und bot mir zehn Pfund dafür, weshalb ich sie natürlich beim Wort nahm", schloss er und steckte die Hand in die Tasche, „wie Sie mich auf die Sache aufmerksam gemacht haben." Niemand wird unnachbarlich sein, und ich werde das Schöne an deiner Seite tun.

Damit legte er eine halbe Krone auf die Spritzwand des leichten Karrens, zwinkerte noch einmal und schritt mit einem fröhlichen Abschiedsgruß davon, während der angewiderte Gärtner auf den dürftigen Lohn seiner Pläne starrte.

KAPITEL III

DER MANN, DER NIEMAND WAR

ICH

Das war einer der schönsten aller schönen Morgen dieses wundervollen Frühlings, und Miriam Weere, als sie sah, wie das Sonnenlicht über den Obstgarten vor ihrem Cottage fiel, und hörte, wie sich das Rauschen des braunen Flusses mit dem Murmeln der Bienen vermischte in ihren Bienenstöcken unter den Apfelbäumen, entschlossen, ihre Tagesarbeit im Freien zu erledigen. Die Arbeit des Tages bestand darin, die schmutzige Wäsche der Woche zu waschen, und keine große Aufgabe für eine stämmige junge Frau von fünfundzwanzig Jahren, deren Arme ebenso muskulös waren wie ihr zigeunerfarbenes Gesicht hübsch war. Miriam beeilte sich daher nicht, damit zu beginnen – außerdem musste das achtzehn Monate alte Baby gewaschen, angezogen und gefüttert werden. Als sie mit dem Frühstück fertig war, erwachte er aus dem Morgenschlaf und begann, lautstarke Forderungen an sie zu stellen. Sie beschäftigte sich die nächste Stunde mit ihm und lachte vergnügt über seine Ähnlichkeit mit seinem Vater, dem großen blauäugigen, blonden Michael; und dann trug sie ihn hinaus in das mit Gänseblümchen übersäte Gras des Obstgartens, setzte ihn unter einen Apfelbaum und ließ ihn das Weiß, Gold und Grün um sich herum umklammern, während sie ihre Waschzuber ein paar Meter entfernt aufstellte weg.

Miriam Weere hat sich nie um sie gekümmert. Ihr glänzendes Haar, dunkel wie das Gefieder auf der Brust einer Krähe, ihre klaren haselnussbraunen Augen, ihre leuchtenden Wangen, die runden, vollen Kurven ihrer schönen Figur, kombiniert mit der Schnelligkeit und Aktivität ihrer Bewegungen, beweisen, dass sie im Besitz von Rohheit und Pracht ist Gesundheit. Es gab nur einen anderen Menschen in Ashdale, der mit ihr in puncto Gesundheit oder gutem Aussehen mithalten konnte – ihr Ehemann Michael, ein Riese von weit über zwei Metern, der wie sie selbst nie gewusst hatte, was es heißt, einen zu haben Tageskrankheit. Das Leben dieser beiden in ihrem Häuschen bei der kleinen Ash war eine ständige Runde voller guter Laune, gutem Appetit und tiefem Schlaf. Es gab auch keinen Grund, warum sie sich Gedanken über den morgigen Tag machen sollten – und zwar ungebührlich. Weiter oben im Tal, auf einem grünen Plateau am Ufer des Flusses gelegen, befand sich die Ashdale Mill, zwischen deren oberen und unteren Steinen der Großteil des in der Nachbarschaft angebauten Getreides transportiert wurde. Und Ashdale Mill war Eigentum von Tobias Weere, Michaels Vater, der als reicher Mann bekannt war, und eines Tages hätte Michael –

Das war die einzige Frage, bei der Miriam gelegentlich die Stirn runzelte. Was würde Michael haben, wenn der alte Tobias starb? Die Mühle, das Mühlenhaus, der umliegende Garten und Obstgarten, zwei oder drei Hektar Land daneben und die Fischereirechte am Fluss von Ashdale Bridge bis Brinford Meadows gehörten ausschließlich Tobias, der das Grundeigentum an diesem begehrten Anwesen erworben hatte als er vor zwanzig Jahren den Firmenwert des Unternehmens erwarb . Er hatte nur zwei Söhne, die das übernehmen konnten, was er hinterließ: Michael und Stephen. Michael war jetzt Generalverwalter, Manager, Reisender, ein harter, unermüdlicher Arbeiter, der ebenso bereit war, beim Getreide und Mehl mitzuhelfen, als auch die Briefe zu schreiben und die Bücher zu führen. Stephen hingegen war ein Faulenzer. Ihm gefiel das Dorfgasthaus mehr als die Mühle, und er ging lieber zu Rennveranstaltungen oder Cricketspielen, als sich um Geschäfte zu kümmern. Er hatte auch eine gewisse Vorliebe für Geselligkeit, die oft in Unmäßigkeit ausartete, und er hatte kürzlich die Tochter des Zöllners geheiratet, eine auffällige, protzige Dirne, die Miriam zutiefst verabscheute. Angesichts der Unterschiede, die zwischen den beiden Brüdern bestanden, kam Miriam vor, dass es äußerst ungerecht wäre, die Dinge gleichberechtigt zwischen ihnen aufzuteilen, und mehr als einmal hatte sie das zu Michael gesagt. Aber Michael schüttelte immer den Kopf.

„Teilen und teilen gleichermaßen", sagte er. „Ich verlange nichts Gerechteres, mein Mädchen."

„Dann", antwortete sie, „wenn es so ist, müssen Sie versuchen, Stephen freizukaufen, denn er wird nie etwas Gutes tun."

„Ah, das trifft eher zu!" sagte Michael.

Miriam dachte über diese Dinge nach, während sie ihre starken Arme in die schäumende Seifenlauge tauchte und dem Gurren ihres Babys unter den Apfelbäumen lauschte. Erst am Abend zuvor hatte sie von einer Nachbarin von einem Eskapaden gehört, in den Stephen verwickelt gewesen war, und ihr Informant hatte bedeutungsvoll hinzugefügt, dass es leicht zu erkennen sei, wohin Stephens Anteil am Geld des alten Toby fließen würde, wenn er die Sache in den Griff kriege. Miriam nahm sich vor, dass sie, wenn Michael, der geschäftlich in einem anderen Teil des Landes unterwegs war, nach Hause käme, noch einmal mit ihm über eine Einigung mit seinem Bruder sprechen würde. Sie war nicht die Art von Frau, die ein florierendes Unternehmen in Gefahr sah, und sie vergaß nie, dass sie die Mutter von Michaels Erstgeborenem war. Eines Tages würde sie ihn vielleicht als Mühlenmeister sehen.

Abgesehen vom Rauschen des Flusses, der am Rande des Gartens unter überhängenden Erlen und Weiden floss, und dem ständigen Summen der Insekten in Bäumen und Büschen war der Morgen sehr still und träge, und lautere Geräusche hallten weit. Und Miriam war sich plötzlich des Klatschens der Menschenfüße bewusst, die in kräftigen Schuhen den schmalen Weg hinunterflog, der am Obstgarten entlangführte. Irgendetwas in dem Geräusch deutete auf Ärger hin – sie trocknete sich bereits Hände und Arme an ihrer groben Schürze, als das Tor aufgerissen wurde und ein Mädchen mit rotem Gesicht und keuchend unter dem Rosa und Weiß der Obstbäume hereinplatzte.

„Was ist los, Eliza Kate?" forderte Miriam.

Das Mädchen drückte ihre Hand an ihre Seite.

„Es ist – der – owd – Herr!" sie keuchte. „Margaret Burton denkt, dass es ihm schlecht geht – ein Schlaganfall. Bitte gehen Sie schnell."

„Schau auf das Kind", sagte Miriam, ohne ihn selbst anzusehen. „Und bring ihn mit zurück."

Dann machte sie sich in schnellem Tempo auf den steilen, steinigen Weg, der zur Ashdale Mill führte. Die Atmosphäre, die es umgab, deutete nichts auf den Tod hin – der alte Ort war voller Sommerleben, und das Mühlrad warf bei jeder Umdrehung flüssige Diamanten ins Sonnenlicht. Miriam sah nichts davon; Sie eilte ins Mühlenhaus und weiter ins Wohnzimmer. Vielleicht zum ersten Mal in ihrem Leben war ihr bewusst, dass eine Katastrophe drohte – warum oder was sie nicht hätte sagen können.

Der alte Tobias lehnte sich in seinem Sessel zurück und sah sehr blass und abgenutzt aus – seine Haushälterin, die alte Margaret Burton, stand an seiner Seite und hielt eine Tasse in der Hand. Sie seufzte erleichtert, als Miriam eintrat.

„Eh, ich bin froh, dass Sie gekommen sind, Herrin Michael!" Sie sagte. „Ich fürchte, der Herr hat einen Schlaganfall erlitten – er wurde plötzlich seltsam."

„Haben Sie nach dem Arzt geschickt?" fragte Miriam, ging auf den alten Mann zu und nahm seine Hand.

„Ja, einer von den Mühlenjungen ist eilig auf dem alten Pony losgefahren", antwortete die Haushälterin. „Aber ich habe Angst –"

Tobias öffnete die Augen und als er Miriam sah, schien er ihn zu erkennen. Seine grauen Lippen bewegten sich.

„Das ist doch ein Schlaganfall!" flüsterte er leise. „Es ist das Ende. Miriam, möchte ich sagen – summa summarum zu dir, mein Mädchen."

Miriam verstand, dass er ihr allein etwas sagen wollte, und sie bedeutete der Haushälterin, das Wohnzimmer zu verlassen.

„Da ist ein Tropfen Brandy im Schrank", sagte Tobias, als die Tür hinter ihm und seiner Schwiegertochter geschlossen wurde. „Gib mir einen Schluck, Mädchen – das hält mich wach, bis der Arzt kommt – dann muss ich etwas erledigen. Miriam!"

"Ja Vater?"

„Miriam, du bist eine kluge Frau und ein starker Mann", fuhr der alte Mann fort, nachdem er den Brandy getrunken hatte. „Ich muss dir sagen, dass niemand es weiß, und du musst es Michael sagen, wenn ich weg bin – ich wage es nicht, es ihm zu sagen."

Miriams Herz machte einmal einen Sprung und schien stillzustehen; Eine plötzliche Schwellung erfasste ihre Kehle.

„Michael erzählen?" Sie sagte. "Ja Vater."

„Miriam ... hör zu. Michael – er war nicht – er wurde nicht ehelich geboren!"

Michaels Frau war eine Frau mit schneller Auffassungsgabe. Die volle Bedeutung der Worte des alten Mannes erfasste sie mit der Wucht eines Gewitters, das ohne Vorwarnung über eine friedliche Landschaft hereinbricht. Sie sagte nichts und der alte Mann bedeutete ihr, ihm mehr Brandy zu geben.

„Sind nicht ehelich geboren", wiederholte er, „und daher natürlich unehelich und kann mein Erbe nicht erben. Es war so", fuhr er fort und sammelte Kraft aus dem Stimulans. „Seine Mutter und ich haben erst nach seiner Geburt geheiratet – wir haben geheiratet, kurz bevor wir hierher kamen. Wir kamen von weit her – in diesen Gegenden weiß niemand davon. Und natürlich ist Michaels richtiger Name Michael." Oldfield – der Name seiner Mutter – und laut Gesetz übernimmt Stephen alles."

„Stephen nimmt alles!" wiederholte sie mit dumpfer Stimme.

Die Augen des alten Tobias Weere leuchteten aus dem Aschegrau seines Gesichts, und seine Lippen verzogen sich mit der alten List, die Miriam gut kannte.

„Aber ich habe die Sache in Ordnung gebracht", sagte er mit einem schrecklichen Versuch, zu lächeln, „ich habe die Sache in Ordnung gebracht! Ich wollte es nicht bis zum Ende tun, weil die Leute reden werden, und ich kann es." Ich habe ein Testament gemacht und die Hälfte meines Eigentums meinem Sohn Stephen Weere hinterlassen; die andere Hälfte ist Michael Oldfield, auch bekannt als Michael Weere, aus Millrace Cottage, Ashdale ' Bezirk--"

Das Gesicht des alten Mannes wurde plötzlich blass und Miriam setzte ihm noch mehr Brandy auf die Lippen. Nach einem Moment zeigte er auf einen

Schlüsselbund, der neben ihm auf dem Tisch lag, und dann auf eine alte Kommode, die in einer dunklen Ecke des Wohnzimmers stand. „Es ist die oberste Schublade – der Wille", flüsterte er. „Holen Sie es heraus, mein Mädchen, und legen Sie die Schreibutensilien auf den Tisch – der Doktor und James Bream werden es sehen, und dann wird alles in Ordnung sein. Denn, sehen Sie, jemand könnte zufällig mitkommen Als er das Geheimnis kannte, gab er heraus, dass Michael geboren wurde, bevor wir verheiratet waren, und dann –"

Miriam war von der Überraschung und dem Schrecken dieser Nachricht krank und kalt, sie nahm die Schlüssel und ging hinüber zur alten Kommode. Dort, in der obersten Schublade, lag ein Blatt Pergament – sie wusste wenig über juristische Angelegenheiten, aber sie sah, dass dies von geübter Hand geschrieben worden war. Sie legte es schweigend mit Feder, Tinte und Löschpapier auf den Tisch.

„Ein Anwalt in der Londoner Stadt hat das dort gezeichnet, ohne Fragen zu stellen", murmelte Tobias. „Ich will nichts weiter als unterschreiben und bezeugen und das Datum angeben. Warum kommt der Arzt nicht und Jim Bream auf dem alten Pony? Geh zur Haustür, Mädchen, und schau, ob du sie kommen sehen kannst."

Miriam ging auf die gepflasterte Veranda, beschattete ihre schmerzenden Augen und blickte über den Garten. Eliza Kate war mit dem Baby angekommen und saß unter den Fliederbäumen und stillte es. Es erblickte seine Mutter, streckte seine Arme aus und erhob seine Stimme zu ihr. Miriam achtete nicht darauf – ihr Herz war so schwer wie die grauen Steine, auf denen sie stand.

Sie wartete ein paar Minuten – dann kamen weit unten in der Gasse zwei berittene Gestalten in Sicht und sie wandte sich wieder dem Wohnzimmer zu. Und auf der Schwelle blieb sie stehen und legte ihre Hand an ihre Brust, bevor sie zum Stuhl des alten Mannes ging. Aber der erste Blick hatte ihr gesagt, was der zweite bestätigte. Tobias war tot.

Miriam zögerte einen Moment. Dann schritt sie durch das Wohnzimmer, schnappte sich das nicht unterschriebene Testament, faltete es zu einem kleineren Zirkel zusammen und steckte ihn in die Falten ihres Kleides.

II

Es war für alle ein Wunder, und für niemanden mehr als für ihren Mann, dass Miriam offenbar so sehr vom Tod ihres Schwiegervaters betroffen war. Es war nicht so, dass sie irgendwelche Anzeichen von Trauer zeigte, sondern dass eine ungewöhnliche Düsterkeit sich über sie auszubreiten schien. Niemals schwul im mädchenhaften Sinne, war sie immer unbeschwert und voller Lächeln und Lachen gewesen; In den ersten Tagen nach dem Tod des alten Tobias ging sie mit gerunzelter Stirn ihren Pflichten nach, als ob eine plötzliche Sorge sie überkommen hätte. Michael sah es und fragte sich; Er hatte seinen Vater respektiert und eine kindliche Zuneigung zu ihm hegten, aber sein Tod beunruhigte ihn nicht so sehr, dass er ihm den Appetit verdarb oder seinen Schlaf störte. Er sah bald, dass Miriam wenig aß; er vermutete bald, dass sie schlecht schlief. Und am vierten Tag nach seiner eiligen Rückkehr nach Hause – am Vorabend der Beerdigung – legte er seine große Hand auf ihre Schulter, als sie sich über die Wiege des Kindes beugte, und drehte sie zu ihm um.

„Was ist los, mein Mädchen?" sagte er freundlich. „Ist irgendetwas nicht in Ordnung? Du bist so still wie das Grab, und du isst nicht und schläfst nicht. Der Tod des alten Vaters kann daran keinen Unterschied machen. Er war alt – sehr alt – und es geht ihm um einiges besser. "

„Es gibt gerade so viel zu bedenken", antwortete sie ausweichend.

Michael, der wie ein Mann wirkte, missverstand, was sie meinte.

„Oh ja, natürlich gibt es das, Mädchen", stimmte er zu. „Morgen wird natürlich ein geschäftiger Tag, denn ich gehe davon aus, dass die Hälfte des Landes hier bei der Beerdigung sein wird, und natürlich erwarten sie alle eine Erfrischung. Aber davon wird es nicht genug geben, und schließlich wollen sie nur ein Glas Wein und einen Beerdigungskeks. Und was das Beerdigungsessen betrifft, dann werden da nur du und ich und Stephen und seine Frau und dein Vater und deine Mutter sein Der Vater und die Mutter von Stephens Frau und der Anwalt.

"Der Rechtsanwalt!" rief Miriam aus. „Welcher Anwalt?"

„Welcher Anwalt? Natürlich, Mr. Brooke aus Sicaster", antwortete Michael. "Wer sonst?"

„Warum kommt er?" fragte Miriam.

„Kommst du? Komm, mein Mädchen, dein Verstand ist verrückt", sagte Michael. „Warum kommen Anwälte zu Beerdigungen? Natürlich, um das Testament des Vaters zu lesen!"

„Gibt es ein Testament?" Sie fragte.

„Hergestellt vor fünf Jahren, sagte Mr. Brooke heute Nachmittag", antwortete er.

„Weißt du, was drin ist?" Sie fragte.

Michael lachte – lachte laut.

„Nein, komm, Liebling!" er sagte. „Wissen Sie, was darin steht! Niemand weiß, was in einem Testament steht, bis der Anwalt es nach dem Beerdigungsessen öffnet und liest."

„Ich wusste es nicht", sagte sie lustlos.

„Aber das ist natürlich weder hier noch dort", sagte Michael; „Und ich muss weg, um ein paar letzte Vorkehrungen zu treffen. Wenn es morgen zu viel Arbeit für dich gibt, Miriam, musst du eine andere Frau aus dem Dorf holen."

„Es wird nicht allzu viel Arbeit geben, Michael", antwortete sie.

In ihrem Herzen wünschte sie sich, es gäbe mehr Arbeit – Arbeit, die sie davon abhalten würde, an das Geheimnis zu denken, das der tote Mann ihr hinterlassen hatte. Es hatte sich tief in ihre Seele gefressen und war zu einer ständigen Qual geworden, denn sie war eine Frau mit großem religiösen Gefühl und strengen Pflichtvorstellungen, und sie wusste nicht, wo in diesem Fall ihre Pflicht lag. Sie kannte Michael als einen stolzen Mann, auf den die Nachricht von seiner Unehelichkeit fallen würde wie ein Blitz auf eine Eiche, die den Stolz ihrer Reife erreicht hat; Sie wusste auch, wie er seinen Vater für das Unrecht verfluchen würde, das er seiner Mutter angetan hatte, die er leidenschaftlich geliebt hatte. Noch einmal: Wenn sie die Wahrheit sagen würde, würde Michael alles verlieren. Denn Stephan mochte seinen Bruder nicht, und Stephans Frau hasste Mirjam. Wenn Stephen und seine Frau die Wahrheit hörten und sie bewiesen, wäre Michael – niemand. Denn schließlich hatte Tobias keine Zeit gehabt, es wieder gut zu machen.

Und jetzt gab es die Nachricht von diesem Testament von Rechtsanwältin Brooke! Was könnte darin enthalten sein und wie kam es, dass Tobias nicht davon gesprochen hatte? Könnte es sein, dass er es vergessen hatte? Sie wusste, dass er seit einigen Jahren mehr oder weniger exzentrisch war und Launen und Leidenschaftsausbrüchen ausgesetzt war, obwohl es nie eine Zeit gegeben hatte, in der sein Verhalten irgendjemanden hätte vermuten lassen, dass sein Geist beeinträchtigt oder auch nur getrübt wäre. Nun – sie konnte nichts anderes tun, als die Angelegenheit bis morgen aufzuschieben, wenn das Testament des Toten verlesen wurde.

Als Ehefrau des älteren Sohnes war Miriam am nächsten Tag Gastgeberin, und jeder, der sie sah, staunte über zwei Dinge – erstens über die außergewöhnliche Blässe auf ihren normalerweise hell getönten Wangen; das andere war die ruhige Art, mit der sie ihren Pflichten nachging. Sie war hier, dort und überall und kümmerte sich um das Wohlergehen der Trauergäste; aber sie sprach wenig, und scharf beobachtende Augen hätten gesagt, dass sie sich wie in einem Traum bewegte. Beim Beerdigungsessen aß sie wenig; Es war eine Anstrengung, das ein bisschen runterzuholen. Als die Zeit für die Verlesung des Testaments näher rückte, konnte sie ihre Aufregung kaum verbergen, und als sie sich schließlich alle im besten Salon versammelten, um die Testamentserklärung von Tobias zu hören, war sie froh, dass sie an einem Tisch saß, unter dem sie konnte verberge ihre zitternden Finger.

Sie fragte sich, warum Mr. Brooke so lange damit brauchte, seine Brille zu putzen, so lange damit, an seinem Glas Portwein zu nippen, so langsam damit, das Siegel des großen Umschlags zu öffnen, den er aus der Tasche zog, warum er summte und es tat bevor er mit dem Lesen begann. Aber endlich fing er an...

Es war ein kurz formuliertes Testament mit sehr klarer Bedeutung. Da Tobias, wie es hieß, Grund hatte, mit dem Verhalten seines jüngeren Sohnes Stephan äußerst unzufrieden zu sein und zu glauben, dass er nur ein Vermögen verschwenden würde, wenn es ihm überlassen würde, überließ er alles, was er besaß, seinem älteren Sohn , Michael, unter der Bedingung, dass Michael Stephen ab dem Zeitpunkt seines (Tobias) Tods eine Summe von drei Pfund pro Woche sicherte, zu der eine weitere Summe von einem Pfund pro Woche hinzugefügt werden könnte, wenn Stephens Verhalten Michael zufriedenstellen würde . Wenn Stephen vor seinem Vater starb, sollte Michael seiner Witwe eine ähnliche Entschädigung gewähren.

Die verschiedenen Gefühle, die Miriam erregt hatten, vergaßen sie in dem Tumult, der darauf folgte, fast. Stephens Frau und ihr Vater und ihre Mutter protestierten lautstark gegen das Testament. Stephen selbst, nachdem er den Anwalt einen Moment lang angestarrt hatte, als könnte er den Beweisen seiner eigenen Augen oder Ohren nicht trauen, schlug heftig auf den Tisch und sprang auf.

„Das ist eine verdammte Lüge!" er schrie. Und er tat so, als wollte er ihm das Testament entreißen und es in Stücke reißen. Mr. Brooke steckte es ruhig wieder in seine Tasche und nippte ebenso ruhig an seinem Portwein.

„Im Gegenteil, mein Freund", sagte er. „Und – es ist der Wille deines Vaters."

"Vater!" höhnte die Mutter von Stephens Frau. „Ein netter Vater zu –"

Michael erhob sich mit einer Geste, die Schweigen herbeiführte.

"Keines davon!" er sagte. „Wer ist hier der Herr? Ich bin es! Sagen Sie ein Wort gegen meinen toten Vater, gegen jeden von Ihnen, und bei Gott! Gehen Sie hinaus, Hals und Nacken, Mann oder Frau. Nun, dann hören Sie mir zu. Ich bin es Ich muss bei allem Respekt vor ihm sagen, dass ich mit dem Willen meines Vaters nicht einverstanden bin, wenn ich sage, dass meine Idee in Bezug auf Stephen und mich darin bestand, sein Eigentum zu teilen und Es scheint, dass Vater andere Vorstellungen hatte – ich bin der Herr. Also hör zu, Stephen -wie, und komm wieder zur Arbeit und sei ein Mann, und du wirst die Hälfte von allem haben, was es gibt. Aber wohlgemerkt, ich habe die Peitschenhand, und du musst dich beweisen. und wir werden die Sache bald klären. Ich will nicht mehr als meine Hälfte, und jetzt gehört alles mir – nun, Gesetz hin oder her, ich werde es mit dir teilen ... aber du musst zeigen, dass du es behalten kannst meine Konditionen.“

Alle Augen waren auf Stephen Weere gerichtet. Er saß einen Moment da und starrte auf den Tisch – dann stürzte er fluchend aus dem Zimmer. Der Geruch der alten Fleischtöpfe hing ihm noch immer in der Nase; Der Geruch der Weintöpfe erinnerte ihn – eine Tatsache, die ihn wahrscheinlich in das kleine Zimmer schickte, in dem die Erfrischungen flüssiger Art bereitgestellt worden waren. Er nahm sich ein Glas Brandy und Wasser und hatte die Hälfte davon ausgetrunken, als er spürte, wie sich bestimmte Finger flehend auf seinen linken Ellbogen legten. Er drehte sich fluchend um und begegnete dem hexenhaften Gesicht und den brennenden Augen der alten Haushälterin Margaret Burton.

„Was willst du, du alte Hexe?“ sagte er mit einem weiteren Fluch. "Aussteigen!"

Aber die alte Frau stand da – ihre knochigen Finger immer noch auf seinem Arm.

„Hester Stivven!“ Sie sagte. „Mester Stivven! Hat er – hat er mich verlassen?“

Stephen brach in schallendes Lachen aus und füllte sein Glas nach.

„Hast du dich verlassen?“ rief er spöttisch. „Dich verlassen? Er hat niemanden außer Michael verlassen – verfluche ihn! Er hat ihn verlassen – alles, was es gibt!“

Margaret Burton zog sich für einen Moment zurück und starrte ihn an. Er löste sich von ihren Augen. Plötzlich legte sie ihre Hand wieder auf ihn.

„Mester Stivven“, sagte sie überredend, „komm mit – ich muss es dir sagen. Komm!“

Zehn Minuten später betrat Stephen das beste Wohnzimmer, gefolgt von Margaret Burton. Michael war mit den anderen und vor allem mit Stephens Frau in ein ernstes Gespräch über Stephens Zukunft vertieft. Stephen hob befehlend die Hand.

"Hör auf damit!" er sagte. „Wir haben genug von euch – wir werden sehen, wer hier der Herr ist. Ich bin dran“, fuhr er fort, so wie Michael gesprochen hätte. „Kommen Sie vor, Margaret. Diese Frau, Mr. Brooke, ist seit dem Tod meiner Mutter die Haushälterin meines Vaters und war davor jahrelang Dienerin – nicht wahr, Margaret?“

„Zwölf Jahre davor, Sir.“

„Zwölf Jahre zuvor – und im Vertrauen meiner Mutter", fuhr Stephen fort.

„Nun, Margaret, bringen Sie Mr. Brooke in diese Ecke. Erzählen Sie ihm, was Sie mir über das erzählt haben, was meine Mutter Ihnen in der Woche ihres Todes erzählt hat, und geben Sie ihm die Papiere, die sie bei Ihnen hinterlassen hat, um zu beweisen, was sie gesagt hat. Und dann – dann werden wir sehen, wir werden sehen!"

Der Rest der Leute verfolgte mit gemischten Gefühlen das geflüsterte Gespräch zwischen dem Anwalt und der alten Frau. Es war ein großer, weitläufiger Raum mit großen Schießscharten an den Fenstern, und niemand konnte ein Wort hören, das gesagt wurde. Aber Miriam wusste, dass sie nicht die einzige Besitzerin des Geheimnisses war und schob unbewusst ihre Hand in Michaels.

Anwalt Brooke, einige gefaltete Papiere in der Hand, kam mit gerunzelter Stirn und besorgten Augen zurück. Er wollte gerade etwas sagen, aber Stephen hielt ihn davon ab.

„Ich bin hier der Herr", sagte er. „Margaret, komm hier entlang." Er zeigte auf Michael. „Wie ist der richtige Name dieses Mannes?" fragte er mit einem bösen Grinsen. „Ist es – nun, was ist es? Denn natürlich ist seins nicht das, was meines ist. Meins ist das meines Vaters – meins ist Weere."

„Nein, Sir – es ist Oldfield. Der Name seiner Mutter – denn natürlich wurde er unehelich geboren. Ihr Vater und Ihre Mutter haben später geheiratet."

In der darauf folgenden Stille hörte Miriam Michaels Herzschlag. Er erhob sich langsam und blickte sich von einem zum anderen um.

"Es ist nicht wahr?" sagte er fragend. "Es ist--"

Miriam erhob sich neben ihm und legte beide Hände auf seinen Arm.

„Es stimmt, Michael", sagte sie. „Es ist wahr. Dein Vater hat es mir zehn Minuten vor seinem Tod erzählt."

Michael sah auf sie herab, legte plötzlich seinen Arm um sie und küsste sie.

„Komm weg, Miriam", sagte er, als wären die anderen Schatten. „Komm weg. Lass uns nach Hause gehen – das Kind wird uns wollen."

KAPITEL IV

Kleines Fräulein Rebhuhn

Neben der Kirche und dem King George – vielleicht mit Ausnahme der Schmiede, wo sich die meisten Müßiggänger vor allem im Winter nachmittags zum Klatschen versammelten – war Miss Partridges Gemischtwarenladen die wichtigste Institution in Orchardcroft. Erstens war es das einzige Haus mit Handelscharakter im Ort, und es wäre schlecht ergangen, wenn jemand voreilig genug gewesen wäre, ein Oppositionsunternehmen dagegen zu gründen; Schließlich war die Besitzerin so gutmütig, dass sie nichts dagegen hatte, wenn die guten Frauen des Dorfes bei ihren Einkäufen blieben, um miteinander oder mit ihr zu plaudern. Das Leben in Orchardcroft war gemächlich, und man konnte leicht eine Stunde damit verbringen, einen Stein Mehl oder ein Viertel Pfund Tee aus Miss Partridges Laden zu holen. Und wie Miss Partridge oft bemerkte, waren die Frauen besser damit beschäftigt, an ihrem Tresen Meinungen auszutauschen, als die Männer, wenn sie am Zapfhahn des King George stritten.

Es war ein seltsamer kleiner Ort, dieser Gemischtwarenladen – eine Ansammlung von Lebensmittelgeschäften, Textilwaren, Süßwaren und einem halben Dutzend anderer Branchen. Im Schaufenster stand alles Mögliche, von Rollen mit billiger Kleidung bis hin zu selbstgemachtem Toffee; Im Laden selbst, der nicht mehr und nicht weniger als der vordere Raum eines strohgedeckten Häuschens war, gab es eine Ausstellung von Artikeln, die für Augen, die an solche Anblicke nicht gewöhnt waren, etwas verwirrend war. Von einem berühmten Londoner Kaufmann hieß es, er könne vom weißen Elefanten bis zur Stecknadel alles liefern – Miss Partridge konnte sich kaum damit rühmen, aber es war sicher, dass sie alles behielt, was die rund vierhundert Seelen von Orchardcroft für ihren Körper brauchten – Metzgerfleisch ausgenommen. Darüber hinaus wusste sie, wo sich alles befand, und konnte es jederzeit in die Hände bekommen; Darüber hinaus war sie ebenso höflich, wenn sie einem kleinen Jungen einen neuen fertigen Anzug verkaufte, wie wenn sie einem Pflüger seine Samstagsunze Zottel- oder Nageltabak servierte. Aus diesem Grund mochten sie alle und brachten ihre Freuden und Sorgen zu ihr.

An einem hellen Frühlingsnachmittag, als die Amseln und Drosseln fröhlich in ihrem mit Stechpalmenhecken umsäumten Garten pfiffen, saß Miss Partridge hinter ihrer Theke und strickte. Sie war damals eine Frau von fast sechzig – eine Frau mit rosigen Wangen, leuchtenden Augen, kleiner Statur und grauem Haar, aus deren Gesicht immer etwas wie ein Segen auf jeden zu scheinen schien. Sie trug ein schlichtes schwarzes Kleid – niemand in Orchardcroft konnte sich mehr als dreißig Jahre lang daran erinnern, dass

Miss Partridge etwas anderes als Schwarz trug –, darüber war ein echter weißer Seidenschal drapiert, der am Hals mit einer massiven Brosche aus Whitby-Jet befestigt war, und auf ihrem Kopf war eine schicke Kappe, in der verschiedene Arten künstlicher Blumen ausgestellt waren. Schal und Mütze zeigten an, dass Miss Partridge für den Tag gekleidet war; am Morgen wurden weniger auffällige Abzeichen ausgestellt.

„Wir sind heute Nachmittag sehr ruhig, Martha Mary", bemerkte Miss Partridge zu ihrem allgemeinen Faktotum, das, nachdem es mit der Hausarbeit fertig war, nun damit beschäftigt war, die oberen Regale abzustauben. „Seit der alte Isaac wegen seines Tabaks kam, war niemand mehr da."

„Nein, ja", sagte Martha Mary, „aber gerade kommt Jane Pockett durch den Garten."

„Dann werden wir das eine oder andere hören", sagte Miss Partridge, die Mrs. Pocketts Eigenschaften kannte; „Jane hat immer Neuigkeiten."

Mrs. Pockett, eine große, schwabbelige Dame, die eine große Rolle im dörflichen Drama des Lebens spielte, sah, wie alle Neuankömmlinge und alle Weggänger die Bühne für immer verließen, und geriet in Bedrängnis Laden und ließ sich noch schwerer auf einen Stuhl neben der Theke fallen. Und ohne Umschweife warf sie dem kleinen Ladenbesitzer einen Blick mit gekochten Stachelbeeren zu.

„Hast du die Noos gehört?" Sie sagte.

„Was gibt es Neues, Jane?" fragte Miss Partridge.

Mrs. Pockett nahm einen Minz-Humbug aus einer Flasche auf der Theke und begann daran zu lutschen.

„Nun, natürlich, erinnerst du dich an Robert Dickis Sohn, T' Miller, dort in Stapleby?" Sie sagte. „Er ist letztes Jahr gestorben und hat eine Frau und zwei Kinder, einen Jungen und ein Mädchen hinterlassen?"

Miss Partridges Kopf beugte sich über ihr Strickzeug.

„Ja", sagte sie.

„Nun", fuhr Mrs. Pockett fort, „es war klar, dass er mittendrin gestorben ist, aber jetzt stellt sich heraus, dass er es nicht getan hat. Tatsächlich ist er jetzt weg, und die Mühle wurde mit Hypotheken belastet, wie sie es auch getan haben." Sagen Sie es, und jetzt sind sie bereit, sie zu verkaufen, einzusperren, aufzubewahren und zu verkaufen. Es ist schade, denn der Junge ist ein netter junger Kerl, und sie sagen: „Wenn nicht, aber sie könnten das Geld bezahlen." Könnte ein gutes Geschäft machen, sie wollen die Sache begleichen, ich habe eine Rechnung für den Verkauf in meiner Tasche – der

Plakatträger gibt sie mir heute Morgen. Ich werde bemerken, dass es ein schönes Möbelstück gibt, über das man sich entsorgen kann. Aber was werden der Widder und die beiden Kinder tun, wenn sich herausstellt, dass es so ist?

„Es ist sehr traurig", sagte Miss Partridge; "sehr traurig."

Sie legte die Rechnung beiseite und begann über etwas anderes zu sprechen. Aber als Jane Pockett drei Meter Flanell gekauft hatte und ging, las sie die Rechnung durch und stellte fest, dass der Verkauf am übernächsten Tag stattfinden sollte. Und sie nahm ihre Brille ab, legte sie und das Strickzeug auf die Theke und befahl Martha Mary, sich um den Laden zu kümmern. Sie ging in ihr eigenes Zimmer, schloss die Tür und begann nachdenklich auf und ab zu gehen.

Vierzig Jahre vergingen für Miss Partridge, und sie war wieder ein neunzehnjähriges Mädchen und mit Robert Dickinson verlobt. Sie erinnerte sich noch lebhaft an alles – ihre Spaziergänge, ihre Gespräche, ihre Umarmungen. Sie öffnete einen alten Schreibtisch und entnahm ihm ein verblasstes Foto eines hübschen Jungen, einige ebenso verblasste Bänder, ein angelaufenes Medaillon – alles, was von dem längst verstorbenen Jugendtraum übrig geblieben war. Sie legte sie zurück und dachte daran, wie sie sich wegen des Streits eines Liebhabers im Zorn getrennt hatten. Er hatte sie des Flirtens beschuldigt, und sie war zu stolz gewesen, sich zu wehren, und er war weggeworfen und in eine weit entfernte Kolonie gegangen, und sie war zurückgeblieben – um seiner Erinnerung ihr ganzes Leben lang treu zu bleiben. Und zwanzig Jahre später war er mit einer jungen Frau zurückgekommen und hatte Stapleby Mill mitgenommen – aber er und sie hatten sich nie getroffen, nie gesprochen. Und nun war er tot, und seine Witwe und seine Kinder sollten Ausgestoßene und Bettler sein.

Kunden, die an diesem Abend in den kleinen Laden kamen, bemerkten untereinander die ungewöhnlich ruhige Stimmung der Besitzerin und hofften, dass Miss Partridge nicht krank werden würde. Aber Miss Partridge ging es ganz gut, als sie am nächsten Morgen zum Frühstück herunterkam, gekleidet in Bestform und mit ihrer Haube, und sie schien sehr entschlossen zu sein.

„Du musst dich heute Morgen um den Laden kümmern, Martha Mary, denn ich fahre nach Cornchester", sagte sie. „Lass Eliza Grimes kommen und die Hausarbeit machen."

In Cornchester angekommen betrat Miss Partridge die örtliche Bank – eine Institution, die sie mit großer Ehrfurcht betrachtete – und unterhielt sich im Flüsterton mit dem Kassierer, was dazu führte, dass dieser Herr ihr zehn Banknoten zu je hundert Pfund überreichte – die Ersparnisse ihres Lebens .

„Werden Sie es investieren, Miss Partridge?" sagte die Kassiererin lächelnd.

„J-ja", antwortete Miss Partridge. „J-ja, Sir – um es zu investieren."

Sie steckte die tausend Pfund in ihre altmodische Tasche und ging zu einem Anwalt, den sie ein- oder zweimal zu Rate gezogen hatte. Sie machte ihm eine Mitteilung, die ihn starren ließ.

„Meine liebe Frau", rief er. „Das verschenkt alles, was du besitzt."

„Nein", unterbrach Miss Partridge. „Ich habe den Laden."

„Nun, auf jeden Fall nehmen Sie die Stelle als Sicherheit", begann der Anwalt; "Und--"

„Nein", sagte Miss Partridge bestimmt. „Nein, Sir! Niemand darf jemals wissen – außer Ihnen –, woher das Geld kommt. Es ist mein Geld, und ich habe das Recht, damit zu tun, was ich will."

„Oh, sehr gut", sagte der Anwalt. „Sehr gut. Ich werde die Angelegenheit sofort regeln. Und Sie können sicher sein, dass die armen Dinger ihrem unbekannten Wohltäter sehr dankbar sein werden."

Miss Partridge ging über den Kirchhof von Stapleby nach Hause. Sie wandte sich der Stille zu und suchte das Grab von Robert Dickinson auf. Auf dem grünen Rasen, der es bedeckte, wuchsen Gänseblümchen, und sie sammelte ein paar davon und trug sie nach Hause, um sie zusammen mit den Bändern und dem Medaillon wegzuräumen. Und als das erledigt war, zog sie ihre besten Sachen aus und verfiel erneut in den alten Lebensstil.

KAPITEL V

DIE EHE VON HERRN JARVIS

Als der Liftjunge wieder ins Erdgeschoss kam und die Tür des Käfigs öffnete, in dem er jeden Tag so viele mechanische Stunden verbrachte, wurde ihm bewusst, dass die Eingangshalle gerade einer einsamen Frau überlassen worden war und musterte ängstlich die verschiedenen Namen, die auf den beidseitig aufgestellten Tafeln standen. Er gewann einen allgemeinen Eindruck von Rustikalität, aber so scharfsinnig er auch war, es wäre ihm schwergefallen, ihn zu definieren – die Haube der Dame unterschied sich nicht nennenswert von den Hauben, die respektable Damen aus der Mittelschicht der Stadt trugen; Der Regenschirm der Dame wurde nicht in einem ungünstigen Winkel getragen. Dennoch war er sich ziemlich sicher, dass die Dame, wenn sie irgendwo zwischen diesem und dem sechsten Stock aufsteigen würde, zum ersten Mal einen Aufzug betreten würde.

Er wartete und wusste genau, dass der Fremde ihn gleich ansprechen würde. In der Eingangshalle war es düster, und er sah, dass sie die Namen in der oberen Hälfte der Tafel, auf die sie blickte, nicht erkennen konnte. Sie drehte sich um, warf einen hastigen Blick auf die gegenüberliegende Tafel und sah ihn dann halb zweifelnd an.

„Junger Mann", sagte sie, „können Sie mir sagen, ob Mr. Watkin Vavasowers Büro hier irgendwo ist?"

„Mr. Vavasore, Mama? – Dritter Stock, Mama – bin gerade nach oben gegangen, Mr. Vavasore", antwortete der Liftjunge.

Er stand abseits der Tür seines Käfigs und forderte ihn zum Eintreten auf. Aber die Dame, die er im klareren Licht der inneren Halle jetzt als mittelalt und von strengem Gesichtsausdruck wahrnahm, blickte zweifelnd auf die Treppe.

„Ich nehme an, dass ich den Namen an der Tür sehen werde, wenn ich nach oben gehe, junger Mann?" Sie sagte. „Es ist so dunkel an diesen Orten in London –"

„Komm rein, Mama", sagte der Liftjunge.

Die Dame zuckte zusammen und schaute in den Käfig, so wie sie vielleicht in einen ihrer eigenen Hühnerställe geschaut hätte, wenn sie die Anwesenheit eines Fuchses darin vermutet hätte. Sie warf dem Jungen einen misstrauischen Blick zu.

"Ist es sicher?" Sie sagte.

Dann gehorchte sie instinktiv dem gebieterischen Winken der offiziellen Hand, trat ein und hörte das Tor knallen. Sie schnappte kurz nach Luft, als ihr die Welt unter den Füßen wegfiel. ein anderer, als der Aufzug plötzlich anhielt und sie in ein höheres Flugzeug geschleudert wurde.

„Nun, ich bin sicher –", begann sie.

„Zweite Tür links, Mama", sagte der Junge und verschwand.

Die Dame hielt ein oder zwei Sekunden inne, blickte in den Schacht hinunter, als erwartete sie, einen qualvollen Schrei von unten zu hören, und bewegte sich dann langsam in die Richtung, die der Junge gezeigt hatte. Nach ein paar Schritten den Korridor entlang stand sie vor einer Tür, auf der in schweren, hochglanzpolierten Messingbuchstaben der Name „Mr. Watkin Vavasour" stand.

Sie zögerte einen Moment, bevor sie klopfte; Als sie das tat, klopfte sie zaghaft und sanft. Aber es war drinnen zu hören, denn eine Mädchenstimme, scharf und sachlich, forderte sie auf, einzutreten. Sie drehte die Klinke und betrat ein komfortabel eingerichtetes Zimmer, in dem eine sehr elegante junge Dame saß, die eifrig mit einer Schreibmaschine beschäftigt war und mit fragenden Augen von ihrer Arbeit aufblickte.

„Ist Herr Watkin Vavasower da?" erkundigte sich der Anrufer.

Die kluge junge Dame erhob sich mit herablassender Geduld von ihrem Schreibtisch.

„Welcher Name, Madam?" Sie fragte.

Der Anrufer zögerte.

„Nun, wenn es in Ordnung ist", sagte sie, „würde ich meinen Namen lieber niemandem außer dem Herrn selbst nennen, aber natürlich, wenn –"

„Nehmen Sie bitte einen Stuhl", sagte die kluge junge Dame. Sie verschwand durch eine Innentür mit der Aufschrift „Privat" und überließ es dem Besucher, einen imitierten türkischen Teppich, einen amerikanischen Rollschreibtisch, zwei Bürostühle und eine Reproduktion des verstorbenen Lord Leightons „ *Married* " *zu begutachten* , die über dem Kamin hing. Sie spekulierte gerade über die Nationalität der beiden auf diesem Bild betroffenen Personen, als die elegante junge Dame mit einer Einladung zurückkam, in die Gegenwart von Herrn Vavasour einzutreten. Herr Vavasour, ein etwas älterer, beleibter Herr, dessen Name passender Isaacs, Cohen oder Abraham gewesen wäre und der offensichtlich großen Wert auf feines Leinen und Purpur sowie das Tragen von Gold und Diamanten legte, stieg aus hinter einem eleganten Schreibtisch aus Palisanderholz und winkte seinen Besucher mit viel Anmut zu den bequemsten Stühlen. Sein auf Hochglanz polierter Glatzkopf neigte sich ihr wohlwollend zu.

„Und was kann ich für Sie tun, meine liebe Frau?" fragte Mr. Vavasour höflich.

Die Besucherin, die Mr. Vavasour mit einem scharfen Blick beäugt hatte, während sie sich förmlich vor ihm verneigte, hustete kurz einleitend und blickte in Mr. Vavasours fröhliches Feuer.

„Natürlich", sagte sie, „ich spreche Herrn Watkin Vavasower an, den Ehevermittler? Den Herrn Vavasower, wie er in den Zeitungen angekündigt wird?"

„Genau so, Madam, einfach so", antwortete Herr Vavasour in beruhigendem Ton. „Ich bin dieses Individuum. Und wen habe ich das Vergnügen zu empfangen?"

„Nun, Herr Vavasower, mein Name ist Frau Rebecca Pringle", sagte der Besucher. „Natürlich kennen Sie den Namen nicht, aber Sie kennen den Namen des Ortes, aus dem ich komme – die Old Farm, Windleby?"

Herr Vavasour strich sich mit der juwelenbesetzten Hand über die hohe Stirn.

„Der alte Bauernhof, Windleby?" er sagte. „Der Name kommt mir bekannt vor. Ach ja, natürlich – die Adresse eines angesehenen Kunden, Mr. – ja, Mr. Stephen Jarvis. Sehr geehrte Damen und Herren – ja, natürlich. Ein sehr würdiger Gentleman!"

„Nun, Mr. Vavasower", sagte Mrs. Pringle und strich ihr Kleid glatt, das, wie die scharfen Augen des Agenten bemerkten, aus guter, kräftiger Seide bestand, „es gibt so manchen würdigen Gentleman, der sich lächerlich machen kann! Ich habe nichts zu sagen." gegen Stephen, zumal ich seit fünfzehn Jahren, also seit Pringles Tod, den Haushalt für ihn geführt habe. Aber ich bin nicht blind gegenüber seinen Fehlern, Mr. Vavasower, und natürlich kann ich mir nicht vorstellen, dass er sich darauf stürzt sozusagen seine Zerstörung, ohne auch nur einen Finger auszustrecken, um seinen stürmischen Flug aufzuhalten."

Herr Vavasour machte ein trauriges Gesicht, schüttelte den Kopf und warf weiteren Fragen nach.

„Mir ist bekannt geworden, Mr. Vavasower", fuhr Mrs. Pringle fort, „dass Stephen Jarvis, wie auch mein Cousin ersten Grades, mit Ihnen in der Frage der Suche nach einer Frau korrespondiert. Eine hübsche Sache für einen Mann." seine Lebensjahre sind es noch – fünfundfünfzig, und nicht weniger –, wenn er die ganze Zeit von den Damen ferngehalten wurde, und ich muss

Ihnen sagen, Herr Vavasower, dass seine Familie das nicht gutheißt, und deshalb bin ich bin gekommen, um dich zu sehen.

Herr Vavasour breitete seine dicken Hände aus.

„Meine liebe Frau!" sagte er abwertend. „Meine liebe Frau Pringle! Es ist eine meiner strengen Regeln, niemals die Angelegenheiten eines Klienten zu besprechen oder –"

Mrs. Pringle warf ihm einen wissenden Blick zu.

„Natürlich würde es sich für Herrn Vavasower lohnen", sagte sie und tippte auf ein kleines Reticle, das sie bei sich trug. „Die Familie erwartet nicht, dass Herr Vavasower umsonst hilft."

Herr Vavasour zögerte. Er erinnerte sich an den Fall Jarvis und erinnerte sich daran, dass Mr. Stephen Jarvis keine wohlhabende Frau wollte und dass es daher in diesem speziellen Zusammenhang keine Provision geben würde.

„Wer sind die Mitglieder der Familie, Ma'am?" er erkundigte sich.

Mrs. Pringle sah ihm direkt ins Gesicht.

„Die Mitglieder der Familie, Mr. Vavasower", antwortete sie, „sind ich und mein einziger Sohn, John William, der sich immer als Stephen Jarvis' Erbe betrachtet hat. Und wenn ja, natürlich als Stephen." Jarvis sollte eine junge Frau heiraten, na ja, es würde zweifellos Kinder geben, und dann –"

„Ganz sicher, Ma'am, ganz sicher!" sagte Herr Vavasour verständnisvoll. „Natürlich verfügen Sie und Ihr Sohn über Mittel, die es rechtfertigen würden –"

„Mein Sohn, John William, Herr Vavasower, macht in der Lebensmittelbranche sehr gute Geschäfte", antwortete Frau Pringle. „Aber natürlich habe ich nicht vor, dass er von seinem Platz verdrängt wird, weil Stephen Jarvis es sich in den Kopf gesetzt hat, in seinem Alter zu heiraten! Stephen muss davon abgehalten werden, und dann ist die Sache erledigt."

„Aber, meine liebe Frau!" rief Herr Vavasour aus. „Wie kann ich das verhindern? Mein Mandant hat mich um Vorstellungen gebeten; er ist etwas wählerisch, sonst hätte ich schon vor ein paar Wochen zu ihm passen können. Er wünscht sich eine junge und hübsche Frau und –"

"Alter Dummkopf!" rief Frau Pringle aus. „Nun, er soll keinen haben, Mr. Vavasower – wie ich schon sagte, es ist für mich und John William nicht akzeptabel, dass er das tun sollte. Und wie Sie das verhindern können, nun, Mr. Vavasower, ich habe einen Plan Dem müssen Sie beitreten – ich und John William werden dafür sorgen, dass es sich für Sie lohnt –, das wird Stephen Jarvis von der Einbildung einer Ehe abhalten. Tatsache ist, Mr.

Vavasower, Stephen ist ein sehr geiziger Mann. Er gehört zu den Leuten, die sich einen Sixpence zweimal ansehen, bevor er ihn ausgibt – und ihn dann, wenn auch nicht, wieder in die Tasche steckt.

Herr Vavasour neigte den Kopf. Er war interessiert.

„Nun, Mr. Vavasower", fuhr Mrs. Pringle fort, „Stephen ist gegenüber den Sitten junger Frauen genauso unschuldig wie ein heidnischer Neger. Er hatte nie etwas mit ihnen zu tun; er weiß nicht, wie teuer sie sind." Wenn er wüsste, wie die junge Frau von heute mit Geld um sich wirft, würde er bei der Aussicht, eine zu heiraten, in Ohnmacht fallen. Nun, Sie müssen eine Menge kluger junger Frauen kennen, Herr Vavasower, was für einen Beruf Sie haben Zweifellos sind es Schauspielerinnen und dergleichen, die gegen eine geringe Gebühr eine Rolle spielen könnten, wenn Sie eine finden könnten, die für etwa zwei Wochen als mein Gast auf die Alte Farm kommen und den Befehlen gehorchen würde Was Stephen Jarvis angeht, was moderne junge Frauen wirklich sind – nun, wir sollten nichts mehr von dieser lächerlichen Heiratsidee hören. Natürlich könnte ich die junge Frau als eine entfernte Verwandte meines armen Mannes ausgeben, die nur aus Amerika oder irgendwoher kommt Ich möchte, dass sie einen teuren Geschmack zeigt und Stephen zeigt, was es kosten würde, eine junge Frau zu behalten. Und natürlich müsste sie ein bisschen faszinierend sein – aber Sie werden mich verstehen Das heißt, Herr Vavasower. Und ich kann Ihnen versichern, dass Stephen Jarvis zwar ein so wohlhabender Mann ist, aber er steht Ihnen so nahe und bedeutet, dass Sie besser mit mir und John William umgehen sollten als mit ihm."

Herr Vavasour, der angestrengt nachgedacht hatte, rieb sich die Hände.

„Und die Bedingungen, meine Dame?" er sagte. „Lassen Sie uns über die Bedingungen nachdenken, unter denen wir diese kleine Angelegenheit durchführen werden. Jetzt –"

Dann unterhielten sich Mrs. Pringle und Mr. Vavasour sehr vertraulich, und schließlich gingen einige knackige Banknoten von der Dame an den Agenten weiter, und von ersterem wurde ein Dokument unterzeichnet, und schließlich trennten sie sich in sehr gutem Verständnis voneinander.

„Denn Sie werden verstehen, Herr Vavasower", sagte Frau Pringle, als sie an der Tür des Privatzimmers die Hand schüttelte, „dass ich nicht besonders darauf achten werde, etwa hundert auszugeben, wenn es darum geht." Sichert man sich viele Tausende und ein schönes Stück Eigentum. Und Stephen Jarvis ist ein herzhafter Esser und neigt zum Schlaganfall, und er könnte plötzlich genommen werden.

Dann ging Mrs. Pringle weg und kehrte zur Old Farm zurück, und während der nächsten vierzehn Tage behielt sie Mr. Jarvis und die Korrespondenz, die ihn von und über Mr. Vavasour erreichte, besonders aufmerksam im Auge. Sie bemerkte, dass er mürrisch und unzufrieden wurde, fast bis zur Verdrießlichkeit – Tatsache war, dass der Agent, um seinen Vertrag mit Mrs. Pringle aufrechtzuerhalten, dem Möchtegern-Benedick eine Auswahl unwahrscheinlicher Kandidaten schickte, und Mr. Jarvis bekam sie Er hatte es satt, Fotos von Damen anzuschauen, von denen keine seinen Erwartungen entsprach. Was Frau Pringle betrifft, so führte sie ihre Korrespondenz mit Herrn Vavasour über John William, dessen Lebensmittelgeschäft sich in einer benachbarten Marktstadt befand, und erst am Ende der zweiten Woche nach ihrer Rückkehr nach Hause erhielt sie eine Mitteilung von ihr Er, der es ihr rechtfertigte, das Feld zu übernehmen.

„Nun, bei meiner Ehre!" rief sie aus, als sie eines Morgens mit Mr. Jarvis beim Frühstück saß und einen Brief hinlegte, den sie gerade gelesen hatte. „Wunder werden niemals aufhören, und es hat ein Ende. Von wem habe ich wohl gehört, Stephen?"

„Nein, ich weiß es nicht", knurrte Mr. Jarvis, der gerade das Foto einer sehr unscheinbaren jungen Frau von Mr. Vavasour erhalten hatte und über die seiner Meinung nach dumme Dummheit des Agenten sehr erzürnt war. "WHO?"

„Na ja, von meiner Nichte – zumindest eine Art Nichte, da sie die Tochter von Martha Margaret, der Schwester des armen George, war – Poppy Atteridge, die gerade aus dem Ausland nach England zurückgekehrt ist", antwortete Mrs. Pringle. „Ihr Vater war Ingenieur und nahm sie mit nach Kanada, als er sich dort niederließ, nachdem seine Frau gestorben war. Er ist jetzt anscheinend tot, und so ist das arme Mädchen nach Hause zurückgekehrt. Meine Güte! – Ich habe sie einmal gesehen, als sie es war Sie schreibt sehr liebevoll und sagt, sie fühle sich einsam. Wenn ich ein eigenes Haus hätte, würde ich sie bitten, mich zu besuchen!"

„Bitte sie dann, dich hier zu besuchen!" sagte der Bauer. „Ich bin mir sicher, dass es genug Platz gibt, es sei denn, sie möchte in sechs Schlafzimmern gleichzeitig schlafen."

„Nun, ich bin sicher, das ist sehr nett von Ihnen", sagte Mrs. Pringle, „und wenn es Ihnen wirklich nichts ausmacht, werde ich sie fragen. Ich glaube nicht, dass sie Ihnen sehr im Weg stehen wird – Sie waren immer ein ruhiger, braver Typ, die Atteridges.

Mr. Jarvis bemerkte, dass ein paar mehr oder weniger junge Mädchen im Haus ihn wahrscheinlich nicht belästigen würden, und nachdem er sein Frühstück beendet hatte, zündete er sich eine Zigarre an und schloss das Foto der unscheinbaren Dame mit einer herzhaften Verfluchung in seinem Schreibtisch ein Herr Vavasour, der es geschickt hatte, ging hinaus, um sich seine Schafe und Rinder anzusehen, und vergaß das Gespräch am Frühstückstisch. Tatsächlich dachte er nicht mehr darüber nach, bis Mrs. Pringle ihn zwei Tage später, als er vom Markt zum Nachmittagstee am Samstagabend nach Hause ging, im Flur mit der Nachricht traf, dass ihre Nichte angekommen sei und im Salon sei .

„Oh, tatsächlich!" sagte Herr Jarvis, der in einer sehr wohlwollenden Stimmung war, weil er einen ungewöhnlich guten Preis für seinen Weizen bekommen hatte, und eine gesellige Stunde mit dem Käufer verbrachte. „Armes Ding – ich bezweifle, dass sie eine seltene Erkältungsreise hinter sich haben wird."

Dann ging er in den Salon, um das arme junge Ding in seinem Dach und an seinem Herd willkommen zu heißen, und traf dort auf eine lächelnde und hübsche junge Dame mit strahlenden Augen und lebhaftem Auftreten, die er sofort für die wahrscheinlichste hielt Mädchen, das er viele lange Tage lang gesehen hatte. Er dachte an die Schar von Herumtreibern, die ihm Mr. Vavasour kürzlich per gefälschtem Geschenk geschickt hatte, und seine Stimmung besserte sich rasch.

„Nun, mein Lieber heute!" sagte er, als er begann, den hausgemachten Schinken in zarte Scheiben zu schneiden. „Meine Güte heute! Ich hätte nicht gedacht, dass wir mit so viel Jugend und Schönheit geehrt werden würden, wie das Sprichwort sagt. Ich freute mich darauf, ein wenig Gel zu sehen, Mrs. Pringle. Ihre Tante dort hatte das nicht." Bereiten Sie mich auf eine so angenehme Überraschung vor, Fräulein – nein, ich habe vergessen, wie der Name lautet!"

„Atteridge", sagte Mrs. Pringles angebliche Nichte. „Aber nennen Sie mich Poppy, Mr. Jarvis – ich werde mich wohler fühlen."

"Mohn!" kicherte Mr. Jarvis. „Ecod und eine seltene hübsche Mohnblume und so weiter! Meine Güte – meine Güte!"

„Die Atteridges waren immer eine gutaussehende Familie", sagte Frau Pringle.

„Ich glaube, das muss es gewesen sein", sagte Mr. Jarvis und reichte seinem Gast mit bewunderndem Blick etwas kaltes Geflügel und Schinken. „Nach der vorliegenden Probe zu urteilen, denke ich, dass das der Fall gewesen sein muss, Ma'am. Also für das, was wir gleich erhalten werden –"

Herr Jarvis, Frau Pringle und Miss Atteridge verbrachten einen sehr angenehmen Abend. Der Gast war nicht nur sehr lebhaft, sondern redete auch gut und interessant, und der Haushälterin wurde klar, dass sie wirklich in Kanada gewesen sein musste, da sie so viel über das Leben dort wusste. Zusätzlich zu Miss Atteridges Konversationsfähigkeiten stellte sich heraus, dass sie Klavier spielte, und als Antwort auf Mr. Jarvis' Bitte um ein oder zwei Melodien setzte sie sich an ein altes Instrument, das innerhalb der Erinnerung von Mrs. Pringle noch nicht geöffnet worden war. und holte so viel Musik heraus, wie sie konnte. Herr Jarvis war hocherfreut und sagte es auch.

„Aber wenn Sie so ein Fan der Musik sind, Mr. Jarvis, sollten Sie sich ein neues Klavier kaufen", sagte Miss Atteridge leichthin. „Ich habe keinen Zweifel daran, dass es gut war, aber ich fürchte, es ist vorerst ganz fertig."

„Das könnte passieren, wenn ich jemanden hätte, der darauf spielt", sagte Mr. Jarvis mit einem schlauen Blick.

„Oh, man könnte viele Leute finden, die darauf spielen", sagte Miss Atteridge.

Als der Gast sich zurückgezogen hatte, mischte Mr. Jarvis seinen Toddy und reichte der Sitte entsprechend Mrs. Pringle ein Glas.

„Sie ist ein selten schönes Mädchen, Ihre Nichte, Missis", sagte er. „Du kannst sie gerne bitten, so lange aufzuhören, wie sie möchte. Das wird ihr gut tun."

Am nächsten Morgen sagte Mr. Jarvis, dass er Geschäfte in der Marktstadt habe, bestellte seinen schicken Hundekarren und die braune Stute und bat Miss Atteridge, mit ihm eine Ausfahrt zu machen. Sie waren ein gutaussehendes Paar, als sie losfuhren, denn der Bauer war trotz seiner fünfundfünfzig Jahre ein gutaussehender und wohlerzogener Mann, der nie ein graues Haar auf dem Kopf hatte, und das hatte er auch eine Würze der Eitelkeit in ihm, die ihn sehr auf sein persönliches Erscheinungsbild bedacht machte.

Mr. Jarvis und Miss Atteridge waren den ganzen Vormittag weg – als sie um halb eins zum Abendessen zurückkehrten, schienen beide in sehr guter Stimmung zu sein. Sie und Frau Pringle saßen nach dem Abendessen im Wohnzimmer, als die Haushälterin einen Karren bemerkte, der sich dem Haus näherte, und bemerkte, dass dieser einen seltsam aussehenden Packkoffer enthielt und von zwei Männern begleitet wurde, die grüne Baumwollschürzen trugen.

„Ja", sagte Mr. Jarvis nachlässig, „es wird das neue Klavier sein, das ich heute Morgen gekauft habe, damit die junge Dame hier spielen kann. Gehen Sie besser raus, Missis, und sagen Sie ihnen, sie sollen es abstellen." Wenn sie Hilfe brauchen, sind John und Thomas im Garten – rufen Sie nach ihnen. Und wir lassen das alte Instrument herausnehmen und das neue an seine Stelle setzen.

Mrs. Pringle ging hinaus, um diesen Befehlen Folge zu leisten, und fühlte sich etwas verwirrt. Die junge Dame von Mr. Vavasour spielte ihre Rolle auf jeden Fall gut und hatte früh angefangen. Aber warum diese außergewöhnliche Nachgiebigkeit von Mr. Jarvis – Mr. Jarvis, wer konnte, wann immer er wollte, ein paar sehr böse Dinge über die Haushaltskonten sagen? Sie begann ein wenig zu zweifeln – sie war sich nicht sicher, was.

An diesem Abend war der Salon Schauplatz dessen, was Mr. Jarvis ein normales Slap-up-Konzert nannte. Denn es stellte sich heraus, dass Miss Atteridge nicht nur spielen, sondern auch singen konnte, und zwar gut; und Mr. Jarvis war von der neu erwachten musikalischen Begeisterung so hingerissen, dass er, nachdem er den Damen erzählt hatte, wie er einst im Kirchenchor Tenor gesungen hatte, sich freiwillig bereit erklärte, so angenehme Lieder wie „The Farmer's Boy" und „The Yeoman's Wedding" zu singen ,“ und „John Peel" und wurde immer mutiger und trat mit Miss Atteridge in Duetten wie „Huntingtower" und „Oh, that we two were maying" auf. Er ging etwas später als gewöhnlich zu Bett und erklärte sich, dass er seit dem letzten Abendessen im Farmers' Club keinen so angenehmen Abend mehr verbracht hatte, und stellte am nächsten Morgen ein Paket mit allen Fotos und Dokumenten zusammen, die Herr Vavasour hatte schickte ihn und gab sie diesem Herrn mit der kurzen Andeutung zurück, dass er keine Lust auf weitere Geschäfte mit ihm habe und dass er, wenn er ihm etwas schulde, gerne wissen würde, was es sei.

Am darauffolgenden Sonntag kam, wie es Brauch war, Herr John William Pringle, ein blassäugiger junger Herr, der einen Gehrock und einen Seidenhut trug und die Angewohnheit hatte, seine Hosen bis zu den Knien hochzuziehen, wenn er sich hinsetzte. um seine Mutter zu besuchen, und wurde seinem neu gefundenen Verwandten vorgestellt. John William wurde nach einer kleinen Beobachtung etwas traurig und nachdenklich, und am Nachmittag waren Mr. Jarvis und Miss Attendee auf das Land gegangen, um zu sehen, ob es genau die Anzahl Schafe gab, die es in einem bestimmten Land geben sollte entfernte Feld, wandte sich seinem Vater mit einem strengen und vorwurfsvollen Blick zu.

„Und ein schönes Durcheinander, das du mit deinen Erfindungen und Plänen angerichtet hast!" sagte er vernichtend. „Du hast genau das getan, was wir vermeiden wollten. Kannst du nicht sehen, wie der alte Narr Hals über Kopf in dieses Mädchen verliebt ist? Yah!"

„Nichts dergleichen, John William!" erwiderte Frau Pringle. „Natürlich führt ihn das Mädchen weiter, was ihre Aufgabe ist, und sie wird gut dafür bezahlt. Warten Sie, bis Stephen Jarvis weiß, was er für sie ausgegeben hat – da ist das Klavier, ein neuer Hut und ein Reitpferd - Gewohnheit, damit sie mit ihm reiten kann, und ein Zigeunerring, als sie Lust hatte, an dem Tag, an dem er sie nach Stowminster mitnahm, und das alles in einer Woche und weniger – und Sie werden sehen, welche Wirkung Sie haben werden „Liegen falsch, John William!"

„Das wär mir sicher, wenn ich es wäre!" sagte John William wütend. „Du bist es, der Unrecht hat, und das wirst du finden. Es muss etwas getan werden. Und das Einzige, was mir einfällt", fuhr er fort und streichelte einen schlecht gekeimten Wucher auf seiner Oberlippe, „ist, dass ich das Alte abschneiden sollte." Natürlich könnte ich das Mädchen hinterher umwerfen.

Mit diesem Ziel vor Augen machte sich Herr Pringle zur Teezeit und am Abend außerordentlich faszinierend, aber mit so schlechter Wirkung, dass er beim Abendessen düsterer war als je zuvor. Als er nach Hause ging, sagte er seiner Mutter zum Abschied, dass er und sie sich genauso gut erhängen könnten, wenn sie das Mädchen nicht schnell aus dem Haus holte.

Da Mrs. Pringle großes Vertrauen in John Williams Scharfsinn hatte, hatte sie schlechte Gewissensbisse hinsichtlich ihrer Rolle in dieser Angelegenheit und nutzte die Gelegenheit, mit Miss Atteridge zu sprechen, als sie sich für die Nacht zurückzogen. Aber Miss Atteridge nahm Mrs. Pringles Bemerkungen nicht nur mit gruseligem Hochmut auf, sondern lockte sie auch auf unverkennbare Weise aus ihrem Zimmer. Also schrieb Mrs. Pringle an Mr. Vavasour und teilte ihr mit, dass ihrer Meinung nach der von ihr gewünschte Zweck erfüllt worden sei, und dass sie wünsche, dass Miss Atteridge entfernt werde. Herr Vavasour antwortete, dass ihre Anweisungen ausgeführt werden sollten. Aber Miss Atteridge blieb. Und mehr als einmal kamen sie und die Haushälterin ins Gespräch, da Mr. Jarvis nicht da war.

„Als ob du jemals in Kanada wärst!" sagte Mrs. Pringle und schnüffelte.

Miss Atteridge sah sie ruhig und kalt an.

„Ich habe drei Jahre in Kanada gelebt", antwortete sie.

„Ein Mädchen geht zu einem Agenten, um einen Ehemann zu finden!" sagte Frau Pringle.

„Nein – ich wollte eine Anstellung als Detektivin finden", sagte Miss Atteridge. „Herr Vavasour ist, wie Sie wissen, sowohl ein privater Ermittler als auch ein Eheagent."

„Und warum bist du hergekommen?" fragte Frau Pringle.

Miss Atteridge blickte ihren Gesprächspartner mit einem noch kälteren Blick an.

"Spaß!" Sie sagte.

Dann setzte sie sich an das neue Klavier und begann die „Mondscheinsonate" zu spielen, und Mrs. Pringle ging in die Küche und schlug die Wohnzimmertür zu – woraufhin sie sich fragte, was John William nächsten Sonntag sagen würde. Am vergangenen Sonntag war er böser als je zuvor gewesen und hatte mindestens sechs Mal seine Entschlossenheit zum Ausdruck gebracht, sich die Tat stehlen zu lassen.

Doch als der nächste Sonntag kam, war Miss Atteridge bereits abgereist. Den ganzen Freitag über war sie sehr ruhig und nachdenklich gewesen – am späten Nachmittag waren sie und Mr. Jarvis spazieren gegangen, und als sie zurückkamen, waren beide sehr verhalten und sehr ernst. Während des Tees redeten sie wenig, und an diesem Abend spielte Miss Atteridge nur Beethoven und Chopin und sang überhaupt nicht. Und als Mrs. Pringle zu Bett ging, nachdem sie ihren Toddy in der Küche verzehrt hatte – Mr. Als Jarvis ungewöhnlich feierlich und sehr beschäftigt war, stellte sie fest, dass der Gast seinen Koffer packte.

„Ich gehe morgen nach dem Frühstück weg", sagte Miss Atteridge. „Da ich am Sonntag nicht hier sein werde, verabschieden Sie sich bitte von Herrn John William."

John William, der am Sonntag pünktlich zum Abendessen kam, fand die Dinge auf der Old Farm vor, wie sie in den Tagen vor der Ankunft von Miss Atteridge üblich waren. Mr. Jarvis war im Wohnzimmer und vergnügte sich mit einer Zigarre, der Sherrykaraffe und dem *Mark Lane Express* ; Mrs. Pringle war in der Vorderküche und überwachte die Zubereitung einiger gefüllter Enten. John William näherte sich ihr mit fragenden Augen.

"Sie ist gegangen!" flüsterte Frau Pringle. „War gestern weg. Seitdem ist er mürrisch – und denkt gerade darüber nach, was es ihn gekostet hat. Geh rein und versöhne dich mit ihm, John William. Sprich mit ihm über Schweine."

John William betrat den Salon erneut. Mr. Jarvis, der zu der Sorte gehörte, die einem Feind Gastfreundschaft erwiesen, reichte ihm ein Glas Sherry und bot ihm eine Zigarre an, zeigte aber kein besonderes Interesse daran, die Meinung eines Lebensmittelhändlers zur Schweinepest zu hören. Es gab kein Gespräch, als Mrs. Pringle hereinkam, um das Tischtuch für das Abendessen bereitzulegen.

„Heute oder zwei Tage hatten wir keine Musik", sagte Mrs. Pringle mit fröhlicher Fröhlichkeit. „Spielen Sie dem Meister ein Stück, John William – spielen Sie die ‚Schlacht von Prag' mit Variationen."

John William näherte sich dem neuen Klavier.

„Es ist verschlossen", sagte er und untersuchte den Deckel der Tastatur. „Wo ist der Schlüssel?"

Herr Jarvis blickte über das Dach des *Mark Lane Express* .

„Der Schlüssel“, sagte er, „ist in meiner Tasche. Und ich werde dort bleiben, bis Miss Atteridge – mit bürgerlichem Namen Carter – zurückkommt. Aber nicht als Carter, noch nicht als Atteridge, sondern als Mrs. Stephen Jarvis. Das“ Heute sind es drei Wochen. Wenn John William dort am Klavier auftreten möchte, kann er kommen und den „Hochzeitsmarsch“ spielen!“

Dann setzte sich John William, und seine Mutter deckte schweigend den Tisch.

KAPITEL VI

Auf das Wasser geworfenes Brot

Es war kurz vor Sonnenuntergang, als der Wrack das erste Dorf betrat, dem er mehrere Meilen lang begegnet war, und er war ebenso müde wie hungrig. Am Stadtrand blieb er stehen, sah sich um und setzte sich auf einen Steinhaufen. Das Dorf lag unter ihm; Ein typisch englisches Dorf, das an den Sommerabenden gut anzusehen ist. Dort in der Mitte, umgeben von hohen Ulmen und umsäumt von Eiben, erhob sich der Turm und das Dach der alten Kirche, grau wie die Erinnerungen an die ferne Zeit, in der fromme Hände sie gebaut hatten. Weiter entfernt, ebenfalls von Bäumen bewachsen, erhoben sich die Türme und Giebel des großen Hauses, des Herrenhauses und der Halle. Hier und da ragten aus dichten Obstgärten die Bauernhäuser mit ihren roten Dächern und tristen Mauern empor; Dazwischen befanden sich winzige Hütten, Nester der Behaglichkeit. Aus den Schornsteinen der Häuser und Hütten stiegen blassblaue Rauchschwaden auf – sie ließen den müden Mann an ein Zuhause und einen Herd denken. Und vom Grün in der Mitte des Dorfes erklangen die Stimmen spielender Jungen – auch sie ließen ihn an Zeiten denken, als die Welt mehr als nur eine Wüste war.

Schließlich stand er auf und ging weiter, wie ein müder Mann. Er war schließlich kein besonders schlecht aussehender Wrack; er hatte offenbar versucht, seine ärmlichen Kleider zu flicken, und hatte nicht vergessen, sich bei jeder Gelegenheit zu waschen. Aber seine Augen hatten den Ausdruck des Unerwünschten; In ihnen lag eine Hoffnungslosigkeit, die für einen aufmerksamen Beobachter Bände gesprochen hätte. Und als er den Hügel hinauf ins Dorf ging, blickte er sich von einer Seite zur anderen um, als wagte er kaum, etwas von den Menschen oder ihren Behausungen zu erwarten.

Er kam zu einem großen, wohlhabend aussehenden Bauernhof; Ein Mann mit rosigen Wangen, wohlgenährtem, zufriedenem Gesicht und massiger Statur beugte sich über die niedrige Mauer des Gartens und rauchte eine Zigarre. Er beäugte das Wrack mit offensichtlicher Abneigung und Misstrauen. Seine Augen wurden leicht wütend und er runzelte die Stirn. Menschliche Trümmer waren nicht nach seinem Geschmack.

Aber der Mann auf der Straße war hungrig und müde; Er war wie ein Ertrinkendes, das sich an jedem Strohhalm festklammert. Er trat auf den sauber geschnittenen Rasen, der unter der Gartenmauer lag, und berührte seine Mütze.

„Haben Sie einen Job, den Sie einem Mann geben könnten, Sir?" er hat gefragt.

Der Bauer mit dem rosigen Gesicht runzelte die Stirn.

„Nein“, sagte er.

Der Mann auf der Straße zögerte.

„Ich stehe unter großer Bedrängnis, Sir“, sagte er. „Ich würde morgen einen harten Arbeitstag erledigen und dafür eine Übernachtung und etwas zu essen bekommen.“

„Ja, das wage ich zu behaupten“, sagte der Bauer verächtlich. „Ich habe diese Geschichte schon einmal gehört. Gehen Sie weg – die Straße ist Ihr Platz.“

Der Wrack seufzte, wandte sich ab, drehte sich noch einmal halb um. Er betrachtete das wohlgenährte Gesicht über sich mit einer Art betörender Trauer.

„Ich habe seit gestern Morgen nichts mehr gegessen“, sagte er und drehte sich wieder um.

Als er sich umdrehte, hörte er die pfeifende Stimme eines Kindes, und als er sich umsah, sah er die obere Hälfte eines kleinen Kopfes, sonnig und lockig, über der Gartenmauer auftauchen.

„Papa, soll ich dem armen Mann meine Sparbüchse geben? Weil es nicht schön ist, hungrig zu sein. Soll ich, Papa?“

Aber das Gesicht des Bauern entspannte sich nicht, und der Wrack seufzte erneut und wandte sich ab. Er war auf die Straße gekommen und wollte gerade losfahren, als die große, herrschaftliche Stimme ihn festhielt.

„Hier, du!“

Der Wrack blickte sich um, und in seinem Herzen keimte neue Hoffnung auf. Der Mann winkte ihn; Das Kind starrte ihn auf Zehenspitzen aus blauen, neugierigen Augen an.

„Komm her“, sagte der Bauer.

Der Wrack kehrte voller Hoffnung zurück. Der Mann an der Wand sah jedoch strenger aus als je zuvor. Seine scharfen Augen schienen Löcher in den ausgehungerten Körper des anderen zu bohren.

„Wenn ich dir dein Abendessen und eine Nacht in der Scheune gebe, versprichst du mir dann, nicht zu rauchen?“ er sagte. „Ich will kein Feuer.“

Der Wrack lächelte trotz seines Hungers und seiner Müdigkeit.

„Ich habe weder Pfeife noch Tabak, Sir“, sagte er. „Ich wünschte, ich hätte es getan. Aber wenn ich es getan hätte, würde ich mein Wort dir gegenüber halten.“

Der Bauer starrte ihn einen Moment lang starr an; dann zeigte er auf das Tor.

„Kommen Sie da durch", sagte er. Als der Wrack eintrat, schritt er durch den Garten und ging um das Haus herum in die Küche, wo ein beleibtes Dienstmädchen an der offenen Tür nähte. Sie blickte auf, als sie das Geräusch ihrer Schritte hörte, und starrte.

„Geben Sie diesem Mann so viel er essen kann, Rachel", sagte der Bauer, „und schenken Sie ihm einen halben Liter Bier. Setzen Sie sich", fügte er hinzu und wandte sich an den Wrack. „Und ein gutes Abendessen zubereiten."

Dann hob er das Kind auf, das sich an seinem Mantel festgehalten hatte, hob es auf seine Schulter und ging zurück in den Garten.

Der Verlassene aß und trank und dankte Gott. Mit dem guten Essen und Trinken erlangte er ein neues Gefühl der Männlichkeit; er begann Möglichkeiten zu erkennen. Als er endlich aufstand, fühlte er sich wie ein neuer Mann, und ein Teil der müden Haltung war aus seinen Schultern verschwunden.

Der Bauer kam mit einer mit Tabak gefüllten Tonpfeife herein.

„Hier", sagte er, „du kannst im Hof sitzen und das rauchen. Und dann zeige ich dir, wo du schlafen kannst."

So legte sich das Wrack in dieser Nacht satt und zufrieden zur Ruhe und schlief traumlos im Heu. Am nächsten Morgen war der Bauer, seiner Gewohnheit entsprechend, früh auf den Beinen, aber sein Gast war schon gut zwei Stunden wach, als er in die große Küche kam.

„Er ist kein Müßiggänger, dieser Mann, Meister", sagte Rachel. „Er hat genug Brennholz gehackt, um eine Woche lang zu reichen, und das ganze Wasser abgeschöpft, und er hat die Kühe heraufgeholt, und jetzt fegt er den Hof."

„Dann gib ihm ein gutes Frühstück", sagte der Bauer.

Als sein eigenes Frühstück beendet war, machte er sich auf die Suche nach dem Wrack und fand ihn wieder beim Holzhacken. Er begrüßte seinen Gastgeber respektvoll, aber mit einer gewissen Besorgnis.

„Wenn du jetzt für einen Tag oder so einen Job willst", sagte der Bauer mit der für ihn charakteristischen Knappheit, „gebe ich dir einen. Hol einen Eimer aus dem Nebenhaus dort und komm mit mir." ."

Er ging voran zu einem kleinen Feld im hinteren Teil des Gehöfts, dessen Oberfläche sehr großzügig mit Steinen verziert zu sein schien.

„Ich will diese Feldrodung", sagte der Bauer. „Machen Sie die Steine zu Haufen im Abstand von etwa zwanzig Metern. Wenn Sie hören, wie die Kirchenuhr zwölf schlägt, hören Sie mit der Arbeit auf und gehen Sie zum

Abendessen nach Hause. Beginnen Sie erneut um eins und machen Sie um sechs wieder Schluss."

Was auch immer sein Beruf gewesen sein mag, bevor der Wrack an diesem Tag wie ein Nigger arbeitete. Es war eine mühsame Arbeit, Steine zu sammeln und aufzuhäufen, und die Julisonne war heiß und brennend, aber er blieb mannhaft bei seiner Aufgabe, gestärkt durch die herzhafte Mahlzeit, die ihm am Mittag serviert wurde. Und kurz vor sechs Uhr kam der Bauer mit dem Kind auf der Schulter auf das Feld und blickte sich um und starrte.

„Du bist kein Faulenzer!" sagte er und wiederholte die Worte des Dienstmädchens. „Ich werde dir morgen einen besseren Job geben."

Und in dieser Nacht gab er dem Wrack einige Kleider und Stiefel, und am nächsten Morgen gab er ihm eine angenehmere Arbeit und versprach ihm Arbeit für die Ernte, und der Wrack hatte das Gefühl, dass seine Rinde, so barsch und barsch der Bauer auch erscheinen mochte, viel schlimmer war als seine beißen. Und er vergaß nie, dass er ihn vor dem Hungertod gerettet hatte. Aber die Zeiten des Wracks waren nicht nur gut. Landbewohner haben eine angeborene Abneigung gegen Fremde, und die normalen Arbeiter auf der Farm ärgerten sich über das Eindringen dieses Mannes, der aus dem Nichts kam und mit Sicherheit ein Landstreicher gewesen war. Sie hielten sich auf den Erntefeldern von ihm fern und spielten offen auf seine Vorfahren an. Und der Obdachlose, der nun in ein kleines Zimmer im Haus befördert wurde und sowohl Lohn als auch Verpflegung verdiente, hörte es und sagte nichts.

Auch der Bauer blieb nicht ohne Spott und Scherz.

„Also, wie ich gehört habe, seid ihr dazu übergegangen, Landarbeiter anzuheuern", sagte sein großer Rivale im Dorf. „Bekomme es spottbillig, nehme ich an?"

„Sie können erwarten, was Ihnen gefällt", sagte der Arbeitgeber des Wracks. „Der Mann, den Sie meinen, ist ein ebenso guter Arbeiter wie jeder andere, den Sie haben, oder auch ich. Glauben Sie, dass Sie und Ihre Meinung mir wichtig sind?"

Tatsächlich kümmerte sich der Bauer nur um sein Kind. Er hatte seine Frau verloren, als das Kind geboren wurde, und das Kind war alles, was er hatte, außer seinem Land. Wohin er auch ging, das Kind war bei ihm; sie waren unzertrennlich. Er hatte es in den sechs Jahren seines Bestehens kein einziges Mal verlassen, und mit großer Sorge musste er es im Herbst nach der Ankunft des Wracks für einen Tag und eine Nacht verlassen. Bevor er ging, rief er den Wrack zu sich.

„Ich habe gelernt, Ihnen voll und ganz zu vertrauen", sagte er. „Kümmere dich bis morgen um das Kind."

Hätte der Bauer einen Beweis für die Dankbarkeit des Obdachlosen gewollt, hätte er ihn in der plötzlichen Röte des Stolzes gefunden, die im Gesicht des Mannes aufflammte. Aber er hatte es eilig, wegzugehen, und war beunruhigt, weil er das Kind zurückgelassen hatte; Dennoch war er sicher, das Kind in guten Händen zu lassen.

„Es ist seltsam, wie sehr ich diesen Kerl angezogen habe", sagte er sich, als er zum sechs Meilen entfernten Bahnhof fuhr. „Ich hätte das Kind niemandem außer ihm anvertraut."

Der verantwortliche Mann tat an diesem Tag nichts weiter, als sich um das Kind zu kümmern. Er entwickelte erstaunliche Kräfte, die Rachel ebenso verblüfften wie den jungen Geist und die Augen interessierten. Er konnte Lieder singen, er konnte Geschichten erzählen, er konnte Kunststücke machen, er konnte mit Bären und Löwen spielen und jedes Tier und jeden Vogel unter der Sonne nachahmen.

„Lawk-a-massy!" sagte Rachel. „Na, du musst doch selbst Kinder gehabt haben!"

„Vor langer Zeit", antwortete der Mann. "Vor sehr langer Zeit."

Er verließ seinen Schützling nie, bis dieser fest eingeschlafen war – von ihm selbst in den Schlaf gesungen. Dann ging er in sein kleines Zimmer im entfernten Flügel des Hauses. Und in ein oder zwei Stunden wünschte er sich inständig, er hätte sich an der Tür der Anklagebank niedergelassen. Denn das Gehöft brannte, und als er aufwachte, um es zu bemerken, war ein tobendes Flammenmeer zwischen ihm und dem Kind, und die Leute im Hof und Garten schrien und stöhnten – in ihrer Hilflosigkeit.

Aber der Mann kam rechtzeitig an – rechtzeitig für das Kind, aber nicht für sich selbst. Bis heute redet man in der ganzen Gegend davon, wie er sich durch die Flammen gekämpft hat, wie er das Kind sicher in die ausgestreckten Arme fallen ließ und dann wieder in den Tod zurückfiel.

Der Bauer blickte auf das, was sie noch von ihm fanden, mit Augen, die zum ersten Mal feucht waren, seit er das letzte Mal Tränen um seine tote Frau vergossen hatte. Und er sagte etwas zu dem armen Körper, was die Seele zweifellos aus weiter Ferne hörte.

„Du warst ein Mann!" er sagte. „Du warst ein echter Mann!"

Und dann fiel ihm plötzlich ein, dass er den Namen des Mannes nie gekannt hatte.

Kapitel VII

WILLIAM HENRY UND DIE MILNERIN

Die Probleme auf der Five Oaks Farm begannen erst richtig, als Matthew Dennison eine Modellmolkerei baute und in Betrieb nahm und es für nötig hielt, die Dienste einer qualifizierten Milchmagd in Anspruch zu nehmen. Viele Leute in der Nachbarschaft fragten sich, was Matthew dazu brachte, sich auf ein solches Unternehmen einzulassen, und sagten es auch. Matthew interessierte sich nicht für einen Kommentar; Er hatte etwas in seiner Tasche, sagte er (was er sehr gerne sagte), das ihn unabhängig machte von dem, was irgendjemand denken oder sagen mochte. Es war seine Laune, die Mustermolkerei zu bauen, so wie es die Laune mancher Männer ist, mit großem Aufwand Rosen anzubauen oder wertvolle Schafe zu züchten, und er baute sie. Als es fertig war, war alles sehr blitzblank und die Landschaft bewunderte die vielen Schönheiten und modernen Geräte, ohne viel davon zu verstehen. Und dann kam die Frage, eine wirklich erfahrene Sennerin zu finden.

Jemand – wahrscheinlich der Pfarrer – riet Matthew, in einer der landwirtschaftlichen Zeitungen zu werben, und er, seine Frau und ihr einziger Sohn, William Henry, verbrachten dementsprechend einen ganzen Abend damit, eine passende Ankündigung ihrer Wünsche zu verfassen, die sie am nächsten Tag an weiterleiteten mehrere Zeitschriften wahrscheinlicher Art. In den nächsten zwei Wochen gingen immer mehr Antworten ein, und die Familie saß jeden Abend nach dem Nachmittagstee im Ausschuss und bedachte sie ernsthaft. Erst als ungefähr fünfzig oder sechzig dieser Bewerbungen eingegangen waren, tauchte jedoch eine wirklich vielversprechende Bewerbung auf. Dies stammte von einer gewissen Rosina Durrant, die irgendwo in Dorsetshire schrieb. Sie beschrieb sich selbst als 25 Jahre alt, bestens qualifiziert, die Leitung einer Mustermolkerei zu übernehmen, und bestrebt, etwas Erfahrung im Norden Englands zu sammeln. Sie berichtete ausführlich über ihre Erfahrungen in der Vergangenheit, legte Einzelheiten zu den Bedingungen dar, die sie erwartete, und fügte ein hervorragendes Zeugnis ihrer jetzigen Arbeitgeberin bei, die sich als bekannte Gräfin herausstellte.

Matthew rieb sich die Hände.

„Das ist die sehr junge Frau, die wir wollen!" er sagte. „Ich habe von Anfang an immer gesagt, dass ich nichts außer Erstklassigkeit haben möchte. Ich werde dieser jungen Person hier meine Referenzen schicken, ihren Bedingungen zustimmen und ihr sagen, dass sie so schnell wie möglich anfangen soll." "

„Ich fürchte, sie ist ziemlich teuer, Liebling", murmelte Mrs. Dennison.

„Ich habe auf die eine oder andere Weise kein Gewicht auf ein paar Pfund", antwortete Matthew. „Ich gehöre zu denen, die daran glauben, etwas richtig zu machen, wenn man es tut. Die letzten zwei Jahre bei einer Gräfin – was? Was zu einer Gräfin passt, passt auch zu mir. William Henry, du kannst die Schrift rausholen–" Schreibtisch, und wir werden sofort einen Brief an diese junge Frau verfassen.

William Henry, der wenig oder gar kein Interesse an der Mustermolkerei hatte und darin nicht mehr und nicht weniger als eine harmlose Modeerscheinung seines Vaters betrachtete, kam dieser Bitte nach und verbrachte eine halbe Stunde damit, einen eleganten Brief zu schreiben Art derjenigen, deren Komponieren ihm im Internat beigebracht worden war, in dem er seine Ausbildung erhalten hatte. Danach verschwendete er keinen Gedanken mehr an die Sennerin, da ihm die Bewirtschaftung der Farm und gelegentliche Jagd- und Schießereien viel wichtiger waren als Dinge, die außerhalb seines Wirkungsbereichs lagen. Doch etwa eine Woche später öffnete sein Vater am Frühstückstisch einen Brief und stieß einen erfreuten Ausruf aus.

„Heute kommt die junge Frau", verkündete er. „Sie wird pünktlich um halb vier am Bahnhof Marltree sein. Natürlich muss jemand vorbeifahren und sie abholen, und dieser Jemand kann nicht ich sein, denn ich habe gerade ein Treffen der Guardians in Cornborough Stunde. William Henry, du musst mit dem Hundekarren rüberfahren.

William Henry war mit der Idee nicht allzu zufrieden, denn er hatte vorgehabt, angeln zu gehen. Aber er erinnerte sich, dass er jeden Nachmittag angeln gehen konnte, wenn es ihm gefiel, und er gab zu.

„Das habe ich mir schon gefragt, Matthew", sagte Mrs. Dennison, die den Brief durch ihre Brille las; „Ich habe mich gefragt, wo ich diese junge Person einordnen soll. An ihren Schriften erkennt man, dass sie von einer besseren Sorte ist – es gibt keinen gewöhnlichen Menschen, der in diesem Stil schreibt und sich ausdrückt. Ich bin mir sicher, dass sie das nicht haben möchte." ihre Mahlzeiten mit den Männern und die Gels in der Küche, und natürlich können wir sie sozusagen nicht unter uns bringen."

Matthew kratzte sich am Kopf.

„Deng meine Knöpfe!" er sagte. „Daran habe ich nie gedacht! Natürlich wird sie das sein, was man eine Art höhere Dienerin nennt, so wie die Qualität sie hat. Ja, auf jeden Fall! Nun, mal sehen – ich sage dir, was du tun sollst." Missis. Lassen Sie sie das kleine Wohnzimmer haben – wir nutzen es kaum – und sie kann dort essen. Das ist die vernünftigste Vereinbarung, die ich mir vorstellen kann Sag mal, William Henry?"

William Henry sagte, er sei mit allem einverstanden und bereitete sein übliches herzhaftes Frühstück zu. Er dachte nicht mehr an seine Nachmittagsexpedition, bis die Zeit zum Aufbruch gekommen war, und dann ließ er die braune Stute an einen schicken Hundekarren spannen und machte sich auf den Weg über die Straßen nach Marltree, fünf Meilen entfernt. Es war ein angenehmer Nachmittag Anfang April, und das Land hatte die neue Frühlingswärme. Und William Henry dachte, wie glücklich er mit seiner Angelrute gewesen wäre.

Marltree ist ein Knotenpunkt, an dem mehrere Linien zusammenlaufen, und als der Zug aus dem Süden einfuhr, stiegen mehrere Passagiere aus, um auf andere Strecken umzusteigen. In dieser Menge konnte William Henry nichts entdecken, das wie die neue Sennerin aussah. Er musterte alle, während er auf einem Platz gegenüber dem Zug saß, und fasste sie zusammen. Da waren ein Geistlicher und seine Frau; da war ein Matrose; es gab drei oder vier Geschäftsreisende; Es gab einige Unscheinbare. Dann richtete sich seine Aufmerksamkeit auf eine hübsche junge Dame, die mit einem Arm voll Büchern und Papieren eine Kutsche verließ und zum Gepäckwagen eilte – sie war so hübsch, so gut gekleidet und hatte eine so gute Figur, dass William Henrys Blicke ihr folgten sie mit Bewunderung. Dann erinnerte er sich, warum er dorthin gekommen war, und suchte erneut nach der Sennerin. Aber er sah nichts, was auf sie hindeutete.

Die Leute entfernten sich, der Bahnsteig wurde frei, und bald blieb niemand außer der hübschen jungen Dame und William Henry zurück. Sie stand neben einer Truhe und sah sich erwartungsvoll um; er stand auf und wollte gehen. Ein Träger erschien; Sie sprach mit ihm – der Portier wandte sich an William Henry.

„Hier ist eine Dame, die sich nach Ihnen erkundigt, Sir", sagte er.

Die Dame trat lächelnd vor und streckte ihre Hand aus.

„Sind Sie Mr. Dennison?" Sie sagte. „Ich bin Miss Durrant."

William Henrys erster Instinkt war, seinen Mund weit zu öffnen, sein zweiter, seinen Hut abzunehmen.

"Wie geht es dir?" sagte er zögernd. „Ich – ich habe mich nach dir umgesehen."

„Aber natürlich würdest du mich nicht kennen", sagte sie. "Ich habe Dich gesucht."

„Ich habe draußen einen Hundekarren", sagte William Henry. „Hier, Jenkinson, bring die Sachen dieser Dame zu meiner Falle."

Er begleitete Miss Durrant, die ihn bereits als einfachen, aber sehr gutaussehenden jungen Mann eingeschätzt hatte, zum Hundekarren, sah, wie ihr Gepäck hinten sicher verstaut wurde, half ihr hinein und steckte sie in einen dicken Koffer Teppich, stieg ein und fuhr weg.

„Ich freue mich sehr darauf, Ihre Molkerei zu sehen, Mr. Dennison", sagte Miss Durrant. „Nach Ihrer Beschreibung muss es ein ziemliches Modell sein."

William Henry drehte sich um und starrte sie an. Sie war eine sehr hübsche junge Frau, entschied er, eine Brünette mit kräftiger Hautfarbe, dunklen Augen, einem reifen Mund und einem strahlenden Lächeln, und ihre Stimme war ebenso angenehm wie ihr Gesicht.

„Herr segne dich!" er sagte. „Es ist nicht meine Molkerei – ich weiß nichts über Milchwirtschaft. Es gehört meinem Vater."

Miss Durrant lachte fröhlich.

„Oh, ich verstehe!" Sie sagte. „Sie sind Mr. Dennisons Sohn. Wie soll ich Sie dann nennen?"

„Mein Name ist William Henry Dennison", antwortete er.

„Und was machen Sie, Herr William?" Sie fragte.

„Kümmere dich um die Farm", antwortete William Henry. „Vater macht jetzt nicht mehr so viel – er ist sozusagen im Ruhestand. Weißt du etwas über Landwirtschaft?"

„Ich liebe alles an einer Farm", antwortete sie.

„Möchten Sie Schweine?" fragte er eifrig. „Ich habe mich in den letzten ein, zwei Jahren viel mit der Schweinezucht beschäftigt und ich habe einige der besten Schweine Englands. Ich habe letztes Jahr einen ersten Preis bei der Smithfield Show gewonnen; ich werde es Ihnen zeigen." Wenn wir nach Hause kommen, besteht jetzt ein gewisses Interesse an der Zucht von Preisschweinen.

Mit solch angenehmen Gesprächen verbrachten sie die Zeit, bis sie die Five Oaks Farm erblickten, bei deren Anblick Miss Durrant sofort in Bewunderung versank und sagte, dass es das schönste alte Haus sei, das sie je gesehen habe, und dass es eine Freude sein würde darin zu leben.

„Einige davon sind über fünfhundert Jahre alt", sagte William Henry. „Und unsere Familie hat es gebaut. Wir verpachten unser Land nicht, wissen Sie – es ist unser eigenes. Sechshundert Hektar sind es, und außerdem außergewöhnlich gutes Land."

Damit übergab er Miss Durrant seiner Mutter, die offensichtlich von ihrem Aussehen genauso überrascht war wie er, und fuhr dann zu den Ställen, immer noch darüber nachdenkend, wie eine Dame dazu kam, Sennerin zu werden.

„Und ich bin sicher, ich weiß es nicht, Matthew", sagte Mrs. Dennison an diesem Abend in der Privatsphäre ihres eigenen Zimmers zu ihrem Mann, „ich weiß wirklich nicht, wie Miss Durrant behandelt werden sollte. Sie können sehen." Überzeugen Sie sich selbst, wie ihre Manieren sind – eine echte Dame. Natürlich wissen wir heutzutage alle, dass sich Ladenmädchen und dergleichen wie Herzoginnen aufführen und ihre Manieren nachahmen, aber Miss Durrant ist die Richtige, oder ich. Ich bin kein Urteilsvermögen. Es sieht so aus, als wäre ihr Volk in die Welt gekommen, und sie muss ihren Lebensunterhalt selbst verdienen, das arme Ding!"

„Na ja, egal, Jane Ann", sagte Matthew. „Frau hin oder her, sie ist meine Milchmagd und alles, was ich von ihr verlange, ist, dass sie ihre Arbeit zu meiner Zufriedenheit erledigt. Wenn sie eine Dame ist, werden Sie sehen, dass sie immer ihre derzeitige Position im Auge behalten wird." ist das einer Sennerin, und sie wird sich entsprechend verhalten. Wir werden sehen, was der Morgen bringt.

Was der Morgen brachte, war das Schauspiel der Sennerin, die ordnungsgemäß in makellose Berufskleidung gekleidet war und eifrig mit der Erfüllung ihrer Pflichten beschäftigt war. Matthew verbrachte den ganzen Morgen mit ihr in der Molkerei und kam strahlend vor Zufriedenheit zum Abendessen.

„Sie ist ein ganz normaler Klinker, oder?" rief er seiner Frau und seinem Sohn zu. „Ich habe einen perfekten Schatz gefunden."

Der perfekte Schatz hat sich mit bemerkenswerter Bereitschaft in ihr neues Leben eingelebt. Sie akzeptierte die Vereinbarungen, die Frau Dennison getroffen hatte, ohne Einwände. Mit der scharfen Beobachtungsgabe einer Frau stellte Mrs. Dennison fest, dass sie nie untätig war. Sie war den ganzen Tag in und um die Molkerei; Nachts arbeitete oder las sie in ihrem eigenen Zimmer. Sie hatte eine Menge Bücher mitgebracht; Ständig trafen Zeitschriften und Zeitungen für sie ein. Im Laufe der Tage gelangte Mrs. Dennison zu dem Schluss, dass Miss Durrants Leute mit Sicherheit in die Welt gekommen waren und dass sie dorthin musste, um ihren Lebensunterhalt selbst zu verdienen.

„Sehen Sie nur, wie gut sie gekleidet ist, wenn sie sonntags in die Kirche geht!" sagte sie zu Matthew. „Nichts von Ihren protzigen, protzigen Verkleidungen, sondern alles vom Besten und Stillesten, genau wie die Dame des Gutsherrn. Äh, mein Lieber, niemand weiß, was diese arme junge Frau vielleicht nicht gewusst hat. Sehr wahrscheinlich haben sie ihre Pferde behalten und …“ Kutschen in besseren Tagen.

„Scheint nicht sehr niedergeschlagen zu sein“, sagte Matthew. „Das Mädchen ist ziemlich unbeschwert. Aber ihr Frauen seid immer fantasievoll.“

Während Mrs. Dennison sich in Spekulationen darüber hingab, wer das Milchmädchen gewesen war, und dabei verschiedene Theorien entwickelte, von denen sie am meisten zu der Theorie neigte, dass ihr Vater ein Parlamentsmitglied gewesen sei, das sein gesamtes Geld an der Börse verloren habe, und während Matthew sich damit begnügte, Miss Durrant ausschließlich in ihrer beruflichen Eigenschaft zu betrachten, ging William Henry einen ganz anderen Weg. Tatsächlich verliebte er sich Hals über Kopf. Einen ersten Eindruck gewann er, als er Miss Durrant am Bahnhof Marltree traf; Eine zweite, viel stärkere erhielt er am nächsten Morgen, als er sie in der makellosen Wäsche der professionellen Sennerin sah. Er begann, die Molkerei heimzusuchen, bis seine Mutter die Tatsache bemerkte.

„Ich dachte, dir wäre die Milchwirtschaft egal, William Henry“, sagte sie eines Tages beim Abendessen. „Ich bin mir sicher, dass du nie in die Nähe davon gekommen bist, als dein Vater es ausgelegt hat.“

„Was nützt es, etwas zu sehen, bis es fertig und voll funktionsfähig ist?“ sagte William Henry. „Jetzt, wo es in Betrieb ist, könnte man genauso gut alles darüber erfahren.“

„Nun, Sie könnten keine bessere Lehrerin haben“, sagte Matthew. „Sie kann Ihnen etwas zeigen, was Sie noch nie zuvor gesehen haben, Miss Durrant.“

Miss Durrant zeigte William Henry Dennison mit Sicherheit etwas, das er noch nie zuvor gesehen hatte. Er war immer apathisch gegenüber jungen Frauen gewesen, und es war äußerst schwierig, ihn zu Teepartys, Tanzveranstaltungen oder geselligen Zusammenkünften zu bewegen, bei denen er sich stets wie ein Bär benahm, der in einen Käfig geraten ist voller Tiere, die es nicht mag und nicht ausrotten kann. Aber es wurde deutlich, dass er begann, die Gesellschaft von Miss Durrant zu pflegen. Er spukte einen Nachmittag lang in der Molkerei herum, wenn Matthew ausnahmslos einschlief; er erfand Ausreden, um Miss Durrant eines Abends in den Kreis der Familie zu holen; Er überfiel sie bei ihrem täglichen Besuch und bat sie schließlich eines Sonntags absichtlich, mit ihm zur Kirche in einem Nachbardorf zu gehen. Und da wurden seiner Mutter die Augen geöffnet.

„Matthew“, sagte sie, als William Henry und Miss Durrant gegangen waren, „der Junge ist in Miss Durrant verliebt. Er macht es wieder gut.“

Matthew, der zu einem friedlichen Nickerchen geneigt war, schnaubte ungläubig.

„Ihr Frauen habt solche Fantasien in euren Köpfen", sagte er. „Ich habe nichts gesehen."

„Ihr Männer seid so blind", erwiderte Mrs. Dennison. „Er geht immer in die Molkerei – er ist mit ihr spazieren gegangen – er bringt mich immer dazu, sie hierher zu bitten, Klavier zu spielen –"

„Und ungewöhnlich gut, sie spielt es auch!" grunzte Matthew.

„– und jetzt hat er sie in die Kirche mitgenommen!" schloss Frau Dennison. „Er ist hin und weg, Matthew, er ist hin und weg!"

Matthew rutschte unruhig auf seinem Stuhl hin und her.

„Na gut, mein Mädchen!" er sagte. „Du weißt, was junge Leute sind – sie mögen die Gesellschaft des anderen. Warum glaubst du, dass ich deine Gesellschaft gesucht habe? Nicht um dasitzen und dich anzustarren, als wärst du ein seltsames Bild, ich weiß!"

„Nun, es ging alles auf die richtige Weise weiter und endete", sagte seine Frau scharf. „Aber woher weißt du, wo das enden wird?"

„Ich wusste nicht, dass etwas begonnen hatte", sagte Matthew.

Mrs. Dennison, die gerade ein Buch las, wie sie es nannte, nahm ihre Brille ab und klappte das Buch zu.

"Matthew!" Sie sagte. „Du weißt, dass es seit ihrer Kindheit immer eine feste Sache war, dass William Henry seine Cousine Polly, das einzige Kind deines einzigen Bruders John, heiraten sollte, damit das Eigentum der beiden Familien vereinigt werden sollte, wenn die Zeit für uns Alte gekommen ist Geh. Und es muss ausgeführt werden, hat diese Vereinbarung, Matthew, und wir dürfen nicht zulassen, dass keine Sennerinnen, egal ob hergekommen sind oder nicht, dazwischenkommen!"

Matthew, der halb schlief, erinnerte sich vage an etwas, das vor langer Zeit gesagt worden war, als Polly geboren wurde oder bei ihrer Taufe – als der richtige Zeitpunkt gekommen war, sollten sie und William Henry, damals sechs Jahre alt, heiraten. John, Matthews jüngerer Bruder, hatte Handel betrieben und war jetzt ein sehr wohlhabender Kaufmann in Clothford, wo er Bürgermeister gewesen war. Matthew wachte kurz auf, machte eine schnelle Rechnung und erkannte, dass Polly inzwischen neunzehn Jahre alt sein musste.

„Aye, aye, mein Mädchen", sagte er, „aber du musst bedenken, dass Kinder nicht immer damit einverstanden sind, was auch immer Väter und Mütter sagen. William Henry und Polly verstehen sich vielleicht nicht gut. Polly wird es sein." Mittlerweile ist sie eine feine junge Dame, trotz all der französischen Gouvernanten und Internate in London und Paris und dergleichen.

„Unser William Henry", sagte Mrs. Dennison mit Wärme und Nachdruck, „ist gut genug für jede junge Frau seiner Klasse. Und ein Mann, der sechshundert Morgen Land besitzt, ist so gut wie jeder Kammgarnhändler aus Clothford, selbst wenn." Er war Bürgermeister! Und jetzt hören Sie mir zu, Matthew Dennison. Ich habe gestern einen Brief von Frau John erhalten, in der sie sagte, dass es Polly gut tun würde, aufs Land zu gehen, da sie seitdem etwas ärmlich aussehe Ich kam aus Paris zurück und fragte, ob wir ein paar Wochen mit ihr verbringen könnten. Also werde ich morgen früh nach Clothford gehen und sie mitbringen – ich habe bereits geschrieben, dass wir das nicht tun sollen Ich habe sie fünf Jahre lang gesehen – sie war damals ein hübsches Mädchen und muss jetzt eine Schönheit sein, und wir hoffen, dass sie und William Henry zusammenkommen. Und wenn du meinen Rat befolgst, Matthew, wirst du los der Sennerin."

Matthew erhob sich langsam von seinem Stuhl.

„Dann bin ich verärgert, wenn ich so etwas tue!" er sagte. „Sie können Polly abholen und willkommen heißen, Missis, und nichts wird mir mehr gefallen, als wenn sie und William Henry sich gut verstehen, obwohl ich die Heirat von Cousins und Cousinen grundsätzlich nicht gutheiße. Aber das werde ich nicht tun." Werde meine Sennerin los, ohne Pollies, noch ohne William Henrys, noch umsonst, also da!"

Dann setzte Mrs. Dennison ihre Brille wieder auf und schlug ihr Sonntagsbuch erneut auf, und Mr. Dennison mixte sich an der Anrichte einen Drink und zündete sich eine Zigarre an, und lange Zeit war kein Ton zu hören außer dem Schnurren der Katze auf dem Tisch Kaminfeuer und das Ticken der Standuhr in der Ecke.

Fräulein Mary Dennison traf am nächsten Abend ordnungsgemäß im Konvoi ihrer Tante ein und wurde von den Händen und Lippen ihres Onkels und Cousins herzlich und ausgelassen willkommen geheißen. Sie war ein überaus hübsches und lebhaftes Mädchen von neunzehn Jahren, mit goldenem Haar und violetten Augen, das in der Verwaltung eines Bauernhofs ebenso gut geeignet gewesen wäre wie in der Leitung eines Gerichts. Aber Mrs. Dennison entschied, dass sie nur die Frau von William Henry war, und tat alles, was sie konnte, um die beiden zusammenzubringen. Dafür war jedoch keine Anstrengung nötig. William Henry und sein Cousin schienen sofort enge Freunde zu werden. Am Tag nach Pollys Ankunft nahm er sie mit auf einen langen Spaziergang auf den Feldern; Als sie zu spät zum Tee zurückkamen, schien zwischen ihnen ein ausgezeichnetes Einvernehmen zu herrschen. Danach waren sie fast unzertrennlich – auf der Farm war gerade wenig los, und es gab einen fähigen Vorarbeiter, der sich um die Arbeit kümmerte, und so begann William Henry, sehr zur Freude seiner Mutter, mit Polly lange Ausflüge in die Umgebung mitzunehmen Land. Frühmorgens machten sie sich auf den Weg und kehrten am späten Nachmittag zurück, jeder in bester Stimmung. Und Mrs. Dennisons Hoffnungen waren groß, und ihre Stimmung war genauso gut wie ihre.

Aber es gab zwei Dinge, die Frau Dennison nicht verstehen konnte. Das erste war, dass Miss Durrant so unbeschwert wie eh und je war und ihre Arbeit genauso mühsam verrichtete, obwohl William Henry nicht mehr mit ihr spazieren ging oder sie in die Kirche mitnahm. Der zweite Grund war, dass er und Polly, wenn sie nicht gerade fuhren, einen beträchtlichen Teil ihrer Zeit in der Mustermolkerei eines Nachmittags mit Miss Durrant verbrachten und daraus unverkennbare Geräusche großer Heiterkeit erklangen. Aber sie betrachtete dies unter den gegebenen Umständen mit Nachsicht.

„Wenn sie zusammen sind", sagte sie, „neigen junge Leute dazu, fröhlich zu sein. Natürlich muss ich mich geirrt haben, dass William Henry von der Sennerin begeistert war, wenn man bedenkt, wie sehr er sich jetzt seinem Cousin widmet. Er war zweifellos einsam „Junge Männer werden tatsächlich so, obwohl ich sagen muss, dass William Henry nie eine Vorliebe für junge Damen gezeigt hat."

Wie parteiisch William Henry in der Vergangenheit auch gegenüber jungen Damen gewesen sein mag, es war ziemlich sicher, dass er dies in diesem Stadium seines Daseins wieder wettmachen würde. Die langen Fahrten mit Polly gingen weiter und Polly kam von jeder Fahrt besser gelaunt als je zuvor zurück. Mrs. Dennison erwartete jeden Tag, dass ihre größten Hoffnungen in Erfüllung gingen.

Und dann kam der Höhepunkt. Eines Abends, nach einer der ganztägigen Fahrten, verkündete William Henry der Familie, dass er am nächsten Morgen nach Clothford fahren würde und etwas früher als gewöhnlich ein Frühstück benötigen würde. Um neun Uhr am nächsten Tag war er weg, und Mrs. Dennison bemerkte, nicht ohne ein zufriedenes Grinsen, dass Polly unruhig und nachdenklich war und eine Unruhe entwickelte, die immer schlimmer wurde. Sie versuchte, das Mädchen auf die eine oder andere Weise zu interessieren, aber Polly schlüpfte in die Molkerei und verbrachte den ganzen Tag, außer den Essenszeiten, bei Miss Durrant. Als der Abend kam und der Nachmittagstee kam, konnte sie kaum essen oder trinken und ihr Blick richtete sich ständig auf die Standuhr.

„Wenn William Henry halb fünf verpasst hat, mein Lieber", sagte Mrs. Dennison, „er wird es mit Sicherheit noch um halb sechs erwischen. Er war nie der Typ, der abends in Clothford herumtollte, und ––"

Und in diesem Moment öffnete sich die Salontür und William Henry kam herein.

Das Mädchen stand auf, und Matthew und seine Frau sahen aufmerksam zu, wie ihre Lippen weiß wurden. Und William Henry sah es auch, machte einen Schritt und packte sie bei den Händen.

„Es ist alles in Ordnung, Polly", sagte er. „Es ist alles in Ordnung! Sehen Sie!"

Er zog einen Brief aus der Tasche, riss den Umschlag auf und reichte seinem Cousin die Anlage. Sie warf einen Blick auf den Inhalt, als wäre sie benommen, und dann warf sie mit einem wilden Freudenschrei ihre Arme um William Henry und umarmte ihn leidenschaftlich. Und dann warf sie sich auf den nächsten Stuhl und begann offensichtlich vor lauter Glückseligkeit zu weinen.

„Gnade mit uns, William Henry Dennison, was hat das zu bedeuten?" rief William Henrys Mutter aus. "Was bedeutet das?"

William Henry nahm den Brief auf.

„Das bedeutet das, Mutter", sagte er. „Das ist ein Brief von Onkel John an Polly, in dem er ihre volle Zustimmung zu ihrer Heirat mit einem jungen Herrn gibt, der sie liebt und den sie liebt – ich habe sie den letzten Monat lang mitgenommen, um ihn zu treffen (deshalb sind wir so lange hingegangen). Er ist wirklich gut, und das sagt Onkel John, jetzt, wo er ihn endlich kennengelernt hat. Polly hat mir am ersten Tag, als sie hier war, alles erzählt – und natürlich auch den Grund dafür. "

Damit verließ William Henry in bedeutungsvollem Schweigen den Raum.

„Natürlich", sagte Matthew; „Natürlich, wenn mein Bruder John den jungen Mann gutheißt, ist das genauso gut, als würde man Gold oder Silber mit dem Stempel versehen."

Polly sprang auf und küsste ihn. Dann küsste sie Mrs. Dennison.

„Aber, oh, Polly, Polly!" sagte Frau Dennison. „Ich wollte, dass du William Henry heiratest!"

„Aber ich liebe William Henry nicht – in dieser Hinsicht, Tante", antwortete Polly. „Und außerdem liebt William Henry –"

Und gerade in diesem Moment trat William Henry zum zweiten Mal dramatisch auf, hielt sich sehr steif und aufrecht und führte Miss Durrant an.

„Vater und Mutter", sagte er, „diese Dame wird deine Tochter sein."

So nahm der Ärger auf der Five Oaks Farm ein gutes Ende. Denn alle waren zufrieden, dass das Beste geschehen war, und daher glücklich.

KAPITEL VIII

Die Beute für den Victor

Der Mann des Gesetzes, ausdruckslos, höflich, altmodisch gesittet, lehnte seinen Stuhl zurück, legte die Fingerspitzen aneinander und lächelte den grauhaarigen Mann mit den harten Gesichtszügen an, der grimmig und schweigsam auf der anderen Seite saß sein Schreibtisch.

„Mein lieber Herr Nelthorp!" sagte er im Tonfall eines Menschen, der ein endgültiges Urteil verkündet. „Es spielt keine Rolle, was Sutton oder seine Anwälte sagen. Wir wissen – wissen Sie, denken Sie daran! –, dass es für ihn völlig unmöglich ist, die Hypotheken aufzunehmen. Er ist Ihrer Gnade ausgeliefert."

Martin Nelthorp starrte Mr. Postlethwaites lächelndes Gesicht an – irgendwo tief in seinem geistigen Bewusstsein fragte er sich, warum Postlethwaite immer auf diese milde, höfliche Art lächelte, wenn er von seinem Ellenbogenstuhl aus Ratschläge erteilte. Es war ein Lächeln, das immer zur Hand zu sein schien, wenn man es brauchte, und es war nie so süß, wie wenn es um unangenehme Dinge ging. Martin Nelthorp kam es so vor, als gäbe es in der Angelegenheit, über die sie diskutierten, nichts, worüber man lächeln könnte – gewiss war die Situation für den unmittelbaren Gesprächspartner, Richard Sutton, weder humorvoll noch angenehm. Aber Mr. Postlethwaite lächelte weiter und hielt seinen Kopf ein wenig schief, während er seinen Klienten zwischen halb geschlossenen Augenlidern beobachtete.

„Deiner Gnade ausgeliefert", wiederholte er leise. „Absolut deiner Gnade ausgeliefert."

Martin Nelthorp schüttelte seinen großen Körper ein wenig – wie eine Dogge es tun würde, wenn sie plötzlich in Bewegung gerät. Er war ein großer Mann, und seine stämmige Gestalt schien das Büro auszufüllen; Seine Stimme war sehr tief und stark, als er sprach.

„Was meinst du damit", sagte er und richtete seine scharfen grauen Augen auf den Anwalt, „was meinst du damit, dass ich ihn ruinieren kann, wenn ich will?"

Mr. Postlethwaite lächelte und verneigte sich.

„Sie verstehen genau, was ich meine, mein lieber Herr", sagte er milde. „Ruin ist das richtige Wort."

„Es ist kein sehr schönes Wort, es im Zusammenhang mit einem Mann zu hören oder zu verwenden", sagte Martin Nelthorp.

Mr. Postlethwaite hustete. Aber das Lächeln blieb um seine glattrasierten Lippen.

„Der Untergang der meisten Menschen, mein lieber Freund", sagte er orakelhaft, „wird von ihnen selbst herbeigeführt."

„Genau so", sagte Martin Nelthorp. „Trotzdem wird den Dingen im Allgemeinen der letzte Schliff von jemand anderem gegeben. Sind Sie sicher, dass es Sutton genauso schlecht geht, wie Sie meinen?"

Mr. Postlethwaite blätterte in seinen Papieren und wandte sich einigen Memoranden zu. Er kritzelte bestimmte Zahlen auf ein Stück Papier und sah seinen Kunden an.

„Die Situation, mein lieber Mr. Nelthorp", sagte er, „ist genau diese: Sie haben eine erste und zweite Hypothek auf Suttons Getreidemühle sowie auf sein Haus und sein Grundstück – tatsächlich auf sein gesamtes Eigentum und die Summe, die Sie haben." Der Vorschuss stellt jeden Cent des vollen Wertes dar, den Sie jetzt brauchen, genau neuntausendsiebenhundertdreiundfünfzig Pfund, zehn Schilling und vier Pence. Ich frage mich sogar, ob er das leisten könnte Finden Sie bei jeder Gelegenheit ein Viertel davon, und Sie sind in der Lage, sofort eine Zwangsvollstreckung durchzuführen.

„Du meinst, ich kann ihn verkaufen?" sagte Martin Nelthorp unverblümt.

"Ganz und gar, mit allem Drum und Dran!" antwortete Herr Postlethwaite.

Martin Nelthorp rieb sich das Kinn.

„Es ist keine schöne Sache, einen Mann zu ruinieren – und mit ihm seine Familie", bemerkte er.

Mr. Postlethwaite hustete erneut. Er nahm seine Goldbrille ab und gab vor, sie mit größter Sorgfalt zu polieren.

„Gibt es einen bestimmten Grund, warum Sie Sutton in Betracht ziehen sollten, bevor Sie sich selbst in Betracht ziehen?" sagte er leise.

Martin Nelthorps Gesicht verdunkelte sich und ein harter, fast rachsüchtiger Ausdruck trat in seine Augen. Die Hand, die seinen Eschenstock hielt, umklammerte ihn fester.

"NEIN!" er sagte. „Das gibt es nicht! Im Gegenteil –"

„Ja, genau so, einfach so!" sagte der Anwalt. „Natürlich ist das jetzt eine alte Geschichte, aber alte Wunden werden wund sein, mein lieber Herr, alte Wunden werden wund sein!"

Martin Nelthorp starrte Mr. Postlethwaite unter seinen buschigen grauen Augenbrauen durchdringend an. Er stand langsam auf, knöpfte seinen großen Kutschermantel zu und setzte seinen breitkrempigen Hut mit der niedrigen Krone auf, während er immer noch den Mann des Gesetzes anstarrte.

„Nun, ich wünsche dir einen guten Tag", sagte er. „Es ist Zeit, dass ich nach Hause komme, und ich muss immer noch einen Mann im George and Dragon treffen. Tun Sie in dieser Angelegenheit nichts mehr, bis Sie mich wiedersehen – oder." Natürlich weiß Sutton nicht, dass ich die beiden Hypotheken aufgekauft habe?"

„Er hat keine Ahnung davon, mein lieber Herr", antwortete der Anwalt.

Martin Nelthorp zögerte einen Moment, nickte dann, als wolle er betonen, was er gerade gesagt hatte, und ging erneut zum Abschied mit Mr. Postlethwaite und ging auf den Marktplatz der kleinen Landstadt, die nun am Ende des Oktobers wieder in Schläfrigkeit verfiel Tag. Er blieb einen Moment lang scheinbar gedankenverloren am Fuß von Mr. Postlethwaites Stufen stehen und ging dann langsam in Richtung George and Dragon davon. Der Mann, den er dort zu treffen erwartete, war noch nicht angekommen; Er setzte sich in den Salon, ohne jegliche Präsenz außer seiner eigenen, und gab sich dem Nachdenken hin. Seiner Gnade ausgeliefert – endlich! – nach fast dreißig Jahren des Wartens, seiner Gnade ausgeliefert! Der einzige Feind, den er jemals gekannt hatte, der einzige Mann, den er jemals mit bitterem, unsterblichem Hass zu hassen hatte, wurde nun durch die Entscheidungen des Schicksals, durch das Drehen des Glücksrads, in seine Macht gebracht. Wenn er wollte, könnte er, Martin Nelthorp, Richard Sutton ruinieren, ihn aus dem alten Ort vertreiben, in dem die Suttons seit Generationen gelebt hatten, könnte jeden Meter Land verkaufen, jedes Möbelstück, das er besaß, könnte ihn verlassen und seine – Bettler.

Und als er dort im düsteren Wohnzimmer saß und mit grüblerischen Augen ins Feuer starrte, sagte er zu sich selbst: Warum nicht? Schließlich hieß es schon vor langer Zeit: *Auge um Auge, Zahn um Zahn* ! Wieder sagte er sich: Warum nicht, jetzt, wo die Stunde und die Gelegenheit gekommen waren?

Nelthorp ließ seine Gedanken zurückschweifen. Er war jetzt fast sechzig, ein gesunder, herzhafter Mann, der größte und klügste Bauer in dieser Gegend, reich, geachtet, von den Großen geschätzt, von den Kleinen aufgeschaut; ein Mann mit Einfluss und Macht. Unter einem schönen Sonnenuntergang und sanfter Abendluft stieg er in das Tal des Lebens hinab, und es gab nur wenige, die ihn nicht um eine erfolgreiche Karriere und die Aussicht auf ein glückliches Alter beneideten. Aber Martin Nelthorp hatte schon immer ein Problem, eine quälende Trauer in seiner Brust getragen, und er dachte daran, während er dasaß und mit düsteren Augen auf das trübe rote Leuchten der düsteren Asche im Kamin starrte. Es war die schlimmste Art von Kummer, die einem Mann seines Typs widerfahren konnte, denn er war sowohl sensibel als auch stolz, spürte schnell eine Verletzung oder eine Kränkung und ließ die Erinnerung an beides nur langsam an sich vorüberziehen. Von einem Mann aus Yorkshire wird gesagt, dass er zehn Jahre lang einen Stein in der Tasche trägt, in Erwartung, einem Feind zu begegnen, und ihn am Ende dieser Zeit umdreht, wenn der Feind nicht vorbeigekommen ist. Martin Nelthorp hätte seinen Stein vielleicht zweimal umgedreht, aber er hätte es ohne das Gefühl von Rachsucht getan. Er hatte nichts Rachsüchtiges an sich, aber er hatte einen strengen israelitischen Glauben an Gerechtigkeit und Vergeltung.

Während er da saß und wartete, kamen ihm die gemeinen, unwürdigen Vorfälle seines Unrechts in den Sinn, und ihre Farben waren so frisch wie eh und je. Fünfundzwanzig Jahre zuvor stand er kurz vor der Hochzeit mit Lavinia Deane, die im ganzen Land für ihre Schönheit und Lebhaftigkeit gefeiert wurde. Alles war arrangiert; der Hochzeitstag stand fest; die eingeladenen Gäste; der Schmuck der Braut nach Hause geschickt. Plötzlich kamen Nachrichten, die Frauen zum Weinen und Männer zum Lächeln brachten. Fast am Vorabend der Hochzeit lief Lavinia mit Richard Sutton durch und heiratete ihn in einer entfernten Stadt. Es sei ein schlechtes Geschäft, sagten alle, denn Richard Sutton sei seit seiner Kindheit Martin Nelthorps engster Freund gewesen und hätte bei der Hochzeit sein Trauzeuge sein sollen. Niemand konnte sich vorstellen, wie die Sache zustande gekommen war; Das Mädchen schien schon immer in Martin verliebt gewesen zu sein und war nie in Gesellschaft von Sutton gesehen worden. Aber da waren die Fakten: Sie waren verheiratet und Martin Nelthorp war ein bitter enttäuschter und ungerecht behandelter Mann. Der Mann, der ihm die schlechte Nachricht überbrachte, würde nie darüber sprechen, wie er diese Nachricht erhalten hatte, was zwischen ihnen vorgefallen war oder was er gesagt hatte, als er von der Falschheit seiner Geliebten und dem Verrat seines Freundes hörte, aber es wurde allgemein gemunkelt dass er dem Mann und der Frau, die sein Leben ruiniert hatten, einen schrecklichen Racheeid geschworen hatte. Und die Nachbarn und die Menschen im Bezirk schauten gespannt zu, was passieren würde.

Aber die Jahre vergingen und nichts geschah. Richard Sutton und seine Frau blieben dem Dorf einige Zeit fern; Es bestand keine Notwendigkeit für ihre sofortige Rückkehr, da Sutton als Maismüller ein gutes Geschäft hatte und es sich leisten konnte, in seiner Abwesenheit einen fähigen Manager zu ernennen. Aber schließlich kamen sie zurück, und da Martin Nelthorps Bauernhof nur eine Meile von der Mühle entfernt lag, fragten sich die Geschäftsleute, wie es wohl weitergehen würde, wenn die beiden Männer sich trafen. Irgendwie haben sie sich nie getroffen – zumindest hat niemand jemals von ihrem Treffen gehört. Nelthorp blieb auf seiner Farm; Sutton zu seiner Mühle. Die Jahre vergingen, und die Dinge lösten sich in einem Zustand der Ruhe oder Gleichgültigkeit auf: Die Männer gingen auf dem Marktplatz oder auf der Landstraße aneinander vorbei und achteten nicht darauf. Aber scharfäugige Beobachter bemerkten, dass Sutton, wenn sie auf diese Weise vorbeikamen, mit abgewandtem Kopf und gesenktem Blick vorbeiging, während Nelthorp mit erhobenem Kopf und direkt vor sich gerichtetem Blick weiterschritt oder ritt.

Ob sie nun verflucht waren oder nicht, Sutton und seiner Frau ging es nicht gut. Fast vom Zeitpunkt ihrer Heirat an ging es mit dem Geschäft bergab. Zu Zeiten seines Großvaters und seines Vaters hatte es wenig Konkurrenz gegeben; Die Erschließung des ländlichen Raums durch die Eisenbahn veränderte den Handel von Sutton erheblich. Seine Maschinen waren veraltet und er versäumte es, sie durch neue zu ersetzen, bis ihm ein Großteil seines Geschäfts entgangen war. Auf die eine oder andere Weise wurde es immer schlimmer; Er musste Kredite aufnehmen und erneut Kredite aufnehmen, immer in der Hoffnung auf eine Wende, die nie kam. Und schließlich wurde durch die Vermittlung von Mr. Postlethwaite alles, was er hatte, an Martin Nelthorp verpfändet.

Martin war in diesen Jahren außerordentlich erfolgreich. Er hatte in seinem Leben in allem Glück gehabt, außer in seiner Liebesaffäre. Er hatte von Anfang an Geld – reichlich und im Überfluss – und er wusste, wie er es optimal einsetzen konnte. Er war einer der ersten, der die Bedeutung arbeitssparender Maschinen erkannte und sie rechtzeitig auf seinem Land einführte. Auch hier gab es nichts, was seine Aufmerksamkeit von seinem Land ablenkte. Er verdrängte jeden Gedanken an eine Ehe, als sich Lavinia ihm gegenüber als untreu erwies; Tatsächlich wurde später nie mehr bekannt, dass er mit einer Frau sprach, außer aus geschäftlichen Gründen. Einige Jahre lebte er allein in dem alten Bauernhaus, in dem er geboren worden war. Dann verlor seine einzige Schwester ihren Mann und zog zu Martin. Sie brachte ihr einziges Kind mit, einen Jungen, der nach seinem Onkel benannt worden war. Sehr bald starb auch sie, und der Junge bildete fortan Martins einziges menschliches Interesse. Er widmete sich ihm; erzog ihn; brachte ihm alles bei, was er selbst über die Landwirtschaft wusste, und ließ ihn wissen, dass sein Neffe in seine Fußstapfen treten würde, wenn seine Zeit gekommen sei. Die beiden waren unzertrennlich; Jetzt, als der Junge das Männeralter erreicht hatte und der Mann ergraut war, kannte man sie weit und breit als Old Martin und Young Martin.

Als der alte Martin am Wohnzimmerfeuer saß, wusste er, dass das alte Gefühl des Hasses gegen Richard Sutton in ihm keineswegs erloschen war. Er hatte ihm die Frau geraubt, die er liebte, die einzige Frau, die er jemals lieben konnte, und wie der Anwalt gesagt hatte, schmerzte die alte Wunde immer noch. Nun lag es in seiner Macht, sich zu rächen – sein Feind lag ihm zu Füßen. Aber – die Frau? Auch sie wäre ruiniert, sie wäre eine Bettlerin, eine Ausgestoßene. Es würde sie auf die Straße bringen. Nun – sein Gesicht wurde ernst und seine Augen hart, als er darüber nachdachte – hatte sie ihn nicht einmal auf eine Straße geschickt, die länger und schwieriger zu betreten war? *Auge um Auge, Zahn um Zahn...*

Es kam ihm nie in den Sinn, sich zu fragen, ob es Kinder gab, die betroffen sein könnten.

Der Mann, der sogleich hereinkam, um seine Verabredung mit Martin einzuhalten, bemerkte hinterher, dass er Herrn Nelthorp noch nie so hart und entschlossen im Verhandeln erlebt habe wie an diesem Abend.

Als die Verhandlungen beendet waren, stieg Martin Nelthorp auf sein Pferd und ritt nach Hause zu seinem gemütlichen Kaminfeuer. Es war ihm immer eine Freude, nach einem langen Tag auf dem Land oder einem Nachmittag auf einem Markt oder einer Auktion unter seinem eigenen Dachbaum zu liegen. Das Abendessen fand in Gesellschaft seines Neffen statt; der Sessel und die Zeitung danach; die Pfeife Tabak und das Glas Bier vor dem Schlafengehen. Und der alte Martin und der junge Martin waren, wie die meisten Leute dort wohl wussten, eher Kameraden als Onkel und Neffe; Sie hatten viele gemeinsame Vorlieben – Jagd, Schießen, Sport im Allgemeinen, und der jüngere Mann war ein ebenso begeisterter Landwirt wie der ältere. Es mangelte daher weder an Gesellschaft noch an Gesprächen am Kaminfeuer der Manor Farm.

Aber an diesem besonderen Abend herrschte zum ersten Mal, seit sie sich erinnern konnten, eine ungewöhnliche Stille und Zurückhaltung am Abendbrottisch. Beide Männer waren in der Regel gute Grabenarbeiter – das Leben unter freiem Himmel verhalf ihnen zu einem herzhaften und nie versiegenden Appetit. An diesem Abend aßen beide nicht viel und keiner schien geneigt zu sein, viel zu reden. Der alte Martin wusste, warum er selbst schwieg und warum er keine Lust auf Essen hatte – er war zu sehr mit der Sutton-Affäre beschäftigt. Aber er fragte sich, was seinen Neffen so ruhig machte und warum er seinen Teller nicht wie gewohnt auffüllte. Was den jungen Martin anging, hatte er seine eigenen Gedanken, die ihn beschäftigten, aber auch er fragte sich, was den Älteren so offensichtlich nachdenklich machte.

Der alte Martin blieb den ganzen Abend ruhig und nachdenklich. Er hielt die Zeitung in seinen Händen, aber er las sie nicht immer. Er hatte seine Lieblingspfeife zwischen den Lippen, ließ sie aber mehr als einmal heraus. Der junge Martin war ähnlich beschäftigt. Er tat so, als würde er den *Mark Lane Express* lesen , aber er starrte häufiger an die Decke als auf die gedruckte Seite. Erst nach neun Uhr, zu der sie normalerweise ans Bett zu denken begannen, kam es zu einem Gespräch zwischen ihnen. Der junge Martin begann damit, und zwar mit offensichtlicher Verwirrung und Misstrauen.

„Es gibt eine Sache, die ich dir heute Abend mitteilen wollte, Onkel Martin", sagte er. „Natürlich werde ich nicht darüber sprechen, wenn Sie an etwas Ernstes denken, aber Sie wissen, dass ich Ihnen nie etwas vorenthalte, und –"

„Was ist los, mein Junge?" fragte der ältere Mann. „Sagen Sie es – ich habe gerade erst über eine geschäftliche Angelegenheit gelernt – es ist nichts."

Die Zurückhaltung des jungen Martin nahm zu. Er scharrte mit den Füßen, wurde ganz rot und öffnete und schloss mehrmals den Mund, bevor er sprechen konnte.

„Es ist so", sagte er schließlich. „Wenn Sie nichts dagegen haben, würde ich gerne heiraten."

Der alte Martin zuckte zusammen, als wäre er erschossen worden. Er starrte seinen Neffen an, als hätte er gesagt, dass er fliegen würde.

"Verheiratet!" er rief aus. „Na, mein Junge – Gott sei Dank, du bist noch nichts als ein Jugendlicher!"

„Ich bin sechsundzwanzig, Onkel", sagte der junge Martin.

„Sechsundzwanzig! Nein, nein – Gott segne meine Seele, nun ja, das nehme ich an. Die Zeit vergeht so schnell. Sechsundzwanzig! Ja, natürlich", sagte der alte Martin. „Ja, das musst du sein, mein Junge. Na ja, aber wer ist das Mädchen?"

Der junge Martin wurde schüchterner als je zuvor. Es schien ihm eine Ewigkeit zu dauern, bis er seine Zunge wiederfinden konnte. Aber schließlich platzte er ruckartig mit dem Namen heraus.

„Lavinia Sutton!"

Martin Nelthorp ließ seine Pfeife und seine Zeitung fallen. Er umklammerte die Rückenlehne seines Ellenbogenstuhls und starrte seinen Neffen an, als hätte er einen Geist angestarrt. Als er sprach, schien ihm seine eigene Stimme weit, weit weg zu sein.

„Lavinia Sutton?" sagte er heiser. „Was – Sutton von der Mühle?"

„Ja", antwortete der junge Martin. Dann fügte er mit fester Stimme hinzu: „Sie ist ein gutes Mädchen, Onkel Martin, und wir lieben uns aufrichtig."

Der alte Martin antwortete nicht sofort. Er war verblüffter und verzweifelter, als sein Neffe wusste. Um seine Verwirrung zu verbergen, stand er von seinem Stuhl auf und beschäftigte sich damit, ein Glas Toddy zu mixen. Es vergingen ein oder zwei Minuten, bevor er sprach; Als er sprach, war seine Stimme nicht so ruhig wie gewöhnlich.

„Er ist ein armer Mann, Sutton, mein Junge", sagte er.

„Das weiß ich", sagte der junge Martin energisch. „Aber ich will Lavinia – nicht irgendetwas von ihm."

„Es geht ihm wirklich sehr schlecht", bemerkte der ältere Mann. "Sehr schlecht."

Der junge Martin antwortete nicht. Der alte Martin nahm einen großen Schluck aus seinem Glas und setzte sich.

„Ich wusste nicht, dass Sutton Kinder hat", sagte er abwesend.

„Es gibt nur Lavinia", sagte sein Neffe.

Lavinia! Die Wiederholung des Namens schmerzte ihn wie ein Messerstich: Der Klang des Namens versetzte ihn fast dreißig Jahre in die Vergangenheit. Lavinia! Und zweifellos würde das Mädchen wie ihre Mutter sein.

„Du bist dir zweifellos bewusst, mein Junge", sagte er nach einer weiteren Zeit des Schweigens, während der sein Neffe dasaß und ihn beobachtete, „du bist dir zweifellos bewusst, dass ich und die Suttons alles andere als Freunde sind. Sie – der Mann." und seine Frau – egal wie sie mir Unrecht getan haben – grausam!"

Der junge Martin wusste alles darüber, wollte es aber nicht sagen.

„Das war nicht Lavinias Schuld, Onkel", sagte er leise. „Lavinia – sie würde niemandem Unrecht tun."

Der alte Martin dachte an die Zeit, als er – an Frauen geglaubt hatte. Er seufzte, trank seinen Toddy und erhob sich schwerfällig, als wäre ihm eine Last auferlegt worden.

„Nun, mein Junge", sagte er, „das ist eines dieser Dinge, über die ein Mann selbst entscheiden muss. Ich möchte nicht auf meinem Gewissen haben, dass ich jemals zwischen einem Mann und einer Frau gestanden habe, die sich darum gekümmert haben." Füreinander. Aber wir reden morgen darüber. Ich bin müde und muss mich noch umsehen.

Dann ging er hinaus, um seine nie vernachlässigte und nie jemand anderem überlassene nächtliche Aufgabe zu erfüllen: sich auf dem Bauernhof umzusehen, bevor er sich zur Ruhe zurückzog. Sein Neffe bemerkte, dass er müde ging.

Draußen, in der Hürde, um die Pferde und Rinder im Stall oder Stall ruhten oder schliefen, stand Martin Nelthorp und starrte auf die Sterne, die hoch über ihm an einem vom Oktoberfrost klaren Himmel glitzerten. Er fragte sich, was ihn zu dieser Sache veranlasst hatte – dass das Einzige, was ihm auf der Welt am Herzen lag, ein Bündnis mit den Feinden seines Lebens suchen sollte, die nun durch die Anordnung Gottes in seiner Macht lagen. Er hatte dem jungen Martin all die Liebe geschenkt, die niedergeschlagen und ausgelöscht worden war; er war so stolz auf ihn, als wäre der Junge sein eigener Sohn der Frau gewesen, die ihm am Herzen lag; er wollte ihm alles hinterlassen, was er hatte; Er war ehrgeizig für ihn, und da er wusste, dass er ein reicher Mann werden würde, träumte er davon, dass sein Neffe als Ratsmitglied oder Magistrat in den Angelegenheiten der Grafschaft eine Rolle spielen würde – Ehren, die er selbst beharrlich abgelehnt hatte. Und es war ihm nie in den Sinn gekommen, dass der Junge seine Zuneigung auf die Tochter des Feindes richtete – es war eine Überraschung für ihn gewesen, als er herausfand, dass er sie überhaupt kannte.

Martin Nelthorp ging eine Zeit lang in seinem Stall und auf seinem Stapelplatz auf und ab und starrte beharrlich in die Sterne. Obwohl er es sich nicht sagte, wusste er, dass der kluge alte Anwalt Postlethwaite Recht hatte, als er sagte, dass alte Wunden wund seien. Er wusste auch, dass, so sehr ein Mann auch danach strebt, den Gedanken von sich zu verdrängen, in uns allen immer noch genug von der primitiven Wildheit verbleibt, um Rache süß zu machen. Und er hatte unter diesen Menschen gelitten – gelitten, wie er es nie gedacht hätte. Er blickte zurück und erinnerte sich an das Leben, das er bis zu dem Tag erlebt hatte, als ihm die Nachricht vom Verrat eines Mannes und der Schwäche einer Frau überbracht wurde, er seine Fäuste ballte und die Zähne zusammenbiss und der ganze alte schwarze Hass in ihm aufstieg oben in seinem Herzen.

„Er soll sie nicht haben!" er sagte. „Er soll sie nicht haben! Ein braves Mädchen! – was könnte aus einer solchen Zucht schon Gutes werden?"

Dann ging er hinein und hinauf in sein Zimmer, und der junge Martin hörte ihn die halbe Nacht auf und ab gehen. Als er am nächsten Morgen selbst ausstieg, war sein Onkel schon ausgegangen. Die Haushälterin war darüber sehr verärgert und sah, dass so etwas in den fünfzehn Jahren, in denen sie mit ihm zusammen war, noch nie vorgekommen war, und sagte, der Hausherr habe nicht mehr als ein Jahr gefrühstückt Ein Glas Milch und eine Kruste Brot, und sie hoffte, dass ihm nicht schlecht wurde.

In diesem Moment ritt Martin Nelthorp die rostroten Gassen entlang in Richtung Marktstadt. In der Nacht hatte es starken Frost gegeben, und der Himmel über ihm war so klar, wie es nur ein Herbsthimmel sein kann. Überall um ihn herum waren rote, gelbe und violette Flecken, denn das Laub veränderte sich schnell, und in den Hecken waren zarte hauchdünne Netze zu sehen. Normalerweise hätte er als großer Naturliebhaber solche Dinge gesehen – an diesem Morgen ritt er grimmig und entschlossen weiter.

Er war so früh im Büro von Herrn Postlethwaite, dass er fast eine halbe Stunde auf die Ankunft dieses Herrn warten musste. Aber als Herr Postlethwaite kam, verlor sein Mandant keine Zeit und kam direkt zu seinem Standpunkt.

„Ich möchte alle meine Papiere im Zusammenhang mit dieser Sutton-Affäre“, sagte er. „Bevor ich festlege, was ich tun soll, muss ich sie selbst durchlesen. Gib mir das Los.“

Herr Postlethwaite machte eine vermeintlich scherzhafte Bemerkung zur juristischen Ausdrucksweise, aber Martin Nelthorp achtete nicht darauf. Er trug die Papiere in einem großen Umschlag mit sich, ritt in gemächlichem Tempo direkt nach Hause, brachte sie in das kleine Zimmer, das er als Büro nutzte, und ging sie sorgfältig durch, nur um zu sehen, dass sie alle da waren. Nachdem er fertig war, riss er einige von ihnen in zwei Hälften, steckte alles in eine andere Hülle und adressierte es an Richard Sutton.

Dann ging der alte Martin in den Salon und fand dort den jungen Martin, der gerade eine Waffe reinigte. Er klopfte ihm auf die Schulter und der junge Mann schaute auf und sah, dass etwas aus den Augen und dem Gesicht seines Älteren verschwunden war.

„Jetzt, mein Junge!“ sagte der alte Martin fröhlich. „Sie können das Mädchen heiraten – und Sie können heute Morgen gehen und die Vorbereitungen treffen. Und während Sie dort sind, können Sie Richard Sutton dieses Paket geben – er wird verstehen, worum es geht.“

Dann, bevor sein Neffe seine Zunge wiederfinden konnte, schritt Martin Nelthorp zur Küchentür und rief lautstark nach seinem Frühstück.

KAPITEL IX

Eine arkadische Werbung

Als ich meine Cousine dort besuchte, erschien mir die Sweetbriar Farm wie eine Kristallisation aller sagenumwobenen Süßigkeiten Arkadiens, wie man sie in den Dichtern und Träumern liest. Das Haus selbst war etwa fünfhundert Jahre alt; es hatte rautenförmige, von Efeu umrahmte Fenster; Auf der einen Seite, wo es keinen Efeu gab, waren die grauen Wände mit Clematis, Geißblatt und Jasmin bedeckt. Es gab einen ummauerten Garten voller Blüten; Es gab einen Obstgarten, wo die Blüte auf üppiges Gras fiel, in dem goldene Narzissen sprossen. Am Ende des Obstgartens floss ein Bach, braun und geheimnisvoll, in dessen tieferen Teichen gesprenkelte Forellen lauerten. Überall im Haus, im Garten und im Obstgarten sangen die Vögel, denn die Nist- und Brutzeit war kaum vorbei, und nachts sang in einem nahegelegenen Unterholz eine Nachtigall dem aufgehenden Mond lauthals.

Innerhalb des alten Gehöfts war alles ebenso arkadisch wie draußen. Das Wohnzimmer – ansonsten das beste Wohnzimmer – war ein Traum aus alter Eiche, altem Porzellan, altem Zinn und alten Bildern. Es roch immer nach Rosen und Lavendel – man konnte dort ohne Bedenken den stärksten Tabak rauchen, denn der Blumenduft war stärker. Ein Traum war auch mein Schlafgemach, mit lavendelfarbener Bettwäsche, seinen urigen Chintzvorhängen und seinem tiefen Fensterplatz, auf dem man nachts sitzen und das Mondlicht auf Garten und Obstgarten spielen sehen konnte, oder von einem Am frühen Morgen können Sie den mit Tau bedeckten Rasen im frischen Sonnenlicht funkeln sehen. Und sobald man das Haus verlassen hatte, gab es die große Küche zu bewundern, mit ihrem mächtigen Herd, ihrem alten Messing und Zinn, ihrer alten Standuhr, ihren Flitches und Schinken, die Seite an Seite mit Bündeln getrockneter Kräuter aus der Eiche hingen Sparren; und dahinter die Molkerei, ein kühler und schattiger Ort, an dem aus schneeweißer Sahne goldene Butter hergestellt wurde; und dahinter wiederum der tiefe, kerkerartige Keller, in dem die riesigen Fässer mit selbstgebrautem Bier standen – Nektar, der für die Götter geeignet war.

Auch die Menschen, die dieses Arkadien bewohnten, waren nicht weniger interessant als das Arkadien selbst. Mein Cousin Samuel ist ein Prachtexemplar eines Engländers, mit einem Gesicht wie die aufgehende Sonne und einem Auge so blau wie die Kornblumen, die in seinen Hecken wachsen. Da war seine Frau, eine fröhliche und geschäftige Dame von sechzig jungen Jahren, die nie ohne ein Lächeln und ein fröhliches Wort war und die, wie ihr guter Mann, nur ein einziges Bedauern empfand, das beide mit bewundernswerter Resignation ertrug – das des Herrn habe sie nie mit

Kindern gesegnet. Da waren die Menschen, die auf der Farm ein- und ausgingen – rotgesichtige und braungesichtige Männer, junge Mädchen und alte Weiber, Kinder in allen Jugendstadien. Und da war auch John William und da war Susan Kate.

John William Marriner – der normalerweise als John Willie bezeichnet wurde – war der ältere der beiden Arbeiter, die im Haus lebten. Er war ein Jugendlicher von offenbar einundzwanzig Jahren und so aufrecht und stark wie ein vielversprechender Eschensetzling. Ob in seinem Sonntagsanzug aus blauem Serge oder in seiner Alltagskleidung aus Cord, John Willie war ein Bild ländlicher Gesundheit – seine roten Wangen strahlten immer, seine blauen Augen leuchteten immer; er hatte einen gigantischen Appetit, und wenn er nicht lächelte, pfiff oder sang er. Er war den ganzen Tag auf der Arbeit und verbrachte seine Abende in Gesellschaft von Susan Kate.

Susan Kate war die Dienstmagd auf der Sweetbriar Farm – eine hübsche, ausgewachsene englische Rose von neunzehn Jahren mit kirschroten Wangen und einem Paar großer, flüssiger, schlehenschwarzer Augen, die ihre weißen Zähne noch weißer machten. Es war eine Idylle für sich, Susan Kate – deren Nachname Sutton war – beim Melken der Kühe oder beim Füttern der Kälber aus einem Blecheimer zuzusehen; Es war noch mehr eine Idylle, sie und John William eines Abends über dem Tor des Obstgartens hängen zu sehen, die Arbeit des Tages hinter sich und die Nachtigall, die im benachbarten Gehölz sang.

Es schien mir, dass Mr. Marriner und Miss Sutton zweifellos ein Liebespaar waren und dass die Ehe für sie ein Thema war. Hin und wieder gingen sie zusammen in die Kirche, Susan Kate mit einem sauberen Taschentuch und einem Gebetbuch, John Willie mit Susan Kates Regenschirm. Manchmal gingen sie an einem Sonntagnachmittag spazieren; Ich begegnete ihnen bei diesen Gelegenheiten mehr als einmal und beobachtete neugierig die Art und Weise ihres Liebesspiels. Wir trafen uns ausnahmslos auf schattigen Gassen oder Waldwegen – Mr. Marriner in seinem Sonntagsanzug, mit einer Heckenblume im Knopfloch, kam immer als Erster und trug Miss Suttons Regenschirm, mit dem er gelegentlich das Gras wechselte; Miss Sutton, sehr rosige Wangen, folgte in einer Entfernung von zwei Yards. Sie schienen nie miteinander zu reden, aber wenn sie verlegen wirkten, waren sie unbestreitbar glücklich.

In dieses scheinbare Paradies trat plötzlich eine Schlange ein.

Eines Morgens, als ich zufällig allein dort war, kam eine Susan Kate ins Wohnzimmer, die ich sicherlich noch nie zuvor gesehen hatte. Diese Susan Kate hatte offensichtlich einen beträchtlichen Teil der Nacht in Kummer verbracht – ihre Augen waren rot und schwer, und selbst dann war ein verdächtiges Zittern in den Ecken ihrer roten, schmollenden Lippen zu spüren. Sie deckte die Tischdecke ab, stellte die Teller sowie die Messer und Gabeln auf den Tisch, als hätte sie vor, ihnen Schaden zuzufügen.

„Warum, Susan Kate!" sagte ich. „Was ist los?"

Susan Kates einzige unmittelbare Antwort bestand darin, laut zu schnüffeln und sich in die Küche zurückzuziehen, von wo sie bald mit einem kalten, noch ungeschnittenen Schinken und einem knackigen Salat zurückkehrte – beides Anblicke, die ausreichten, um selbst das traurigste Herz aufzumuntern. Aber Susan Kate war offenbar jeglicher Komfort gleichgültig. Sie schnupperte noch einmal, verschwand wieder und kam mit den Eiern, dem Toast und dem Tee zurück.

„Ich fürchte, Susan Kate", sagte ich mit der würdevollen Ernsthaftigkeit mittleren Alters, „ich fürchte, du bist in Schwierigkeiten."

Susan Kate legte einen Zipfel ihrer Schürze an ihr linkes Auge, während sie eine Schale mit Rosen von der Anrichte in die Mitte des Frühstückstisches stellte. Dann fand sie ihre Zunge wieder und ich bemerkte, dass ihre Hände zitterten, als sie meine Tasse und Untertasse neu arrangierte.

„Das ist alles da, Lydia Lightowler!" platzte es mit der Plötzlichkeit eines Aprilschauers heraus. „Eine böse, boshafte Sache!"

Ich zog meinen Stuhl an den Tisch.

„Und wer ist Lydia Lightowler, Susan Kate?" Ich habe nachgefragt.

Susan Kate schnaubte, anstatt zu schnüffeln.

„Sie ist das neue Mädchen auf der Spinney Farm", antwortete sie.

"Oh!" Ich sagte. „Ich wusste nicht, dass sie ein neues Mädchen auf der Spinney Farm haben. Wo ist Rebecca geblieben?"

„Beccas Mutter", antwortete Susan Kate, „wurde sehr plötzlich krank und Becca musste gehen. Also ist diese hier Lydia Lightowler an ihre Stelle getreten. Und ich wünschte, sie wäre dort geblieben, wo sie herkam, wo auch immer das sein mag." !"

"Ah!" Ich sagte. „Und was hat Lydia Lightowler getan, Susan Kate?"

Susan Kate, deren stürmischer Blick auf etwas Leeres gerichtet war und die ihre Schürze auf- und abdrehte, sah aus, als würde sie am liebsten jemandem ihre Gedanken mitteilen.

„Nun, es ist nicht richtig, dass ein junger Mann, der sich schon seit sechs Monaten mit einer jungen Frau versöhnt, mit einer anderen weitermacht!" sie platzte endlich heraus. „Es ist mehr als das, was Fleisch und Blut ertragen können."

„Ganz, ganz, Susan Kate“, sagte ich. „Ich verstehe Ihre Meinung sehr. Also John Willie –“

„Ich musste letzte Nacht etwas zur Spinney Farm machen“, sagte Susan Kate; „Für die Missis ging es darum, ein Dutzend Enteneier zu holen, und siehe da, wem sollte ich beim Spaziergang in der Low Field Lane begegnen außer John William und Lydia Lightowler – eine fiese Katze! Als ich sie sah, drehte ich mich um und.“ ging einen anderen Weg, und als John William nach Hause kam, redeten er und ich miteinander, und heute Morgen wollte er nicht sprechen.

Hier begannen Susan Kates Tränen erneut zu fließen, und als sie die Annäherung ihrer Herrin hörte, warf sie plötzlich ihre Schürze über den Kopf und eilte aus dem Wohnzimmer, zweifellos um in einer der vielen Nischen des alten Bauernhofs auszuweinen. Es war offensichtlich, dass Susan Kates Herz aus echtem, weiblichen Stoff bestand.

Während meines Spaziergangs an diesem Morgen überquerte ich das Feld, auf dem Mr. John William Marriner seiner täglichen Arbeit nachging. Normalerweise sang oder pfiff er den ganzen Tag, und man konnte ihn anhand seiner Melodie noch aus einer Entfernung von mindestens einer Viertelmeile orten. Aber an diesem besonderen Morgen – einem sehr schönen – schwieg John William. Er pfiff und sang nicht, und als ich auf ihn zukam, sah ich, dass sein gutmütiges Gesicht getrübt war. Tatsächlich wirkte John William betrübt, um nicht zu sagen mürrisch. Er neigte normalerweise dazu, sich zu unterhalten, aber dieses Mal waren seine Antworten kurz und größtenteils einsilbig, und ich ließ mich nicht lange bei ihm aufhalten. Es war klar, dass John William unglücklich war.

Es gab also eine Wolke über Arkadien. Die Dichte schien zuzunehmen. Es war an einem Dienstag, als es zum ersten Mal auftauchte; Nach dem Mittwoch weinte Susan Kate nicht mehr, sondern ging mit trockenen Augen, der Nase in der Luft und einem verletzten Gesichtsausdruck umher, während John William seinen täglichen Beschäftigungen in einer trüben und düsteren Art nachging. Es gab keine Idylle mehr am Obstgartentor und die Bauernküche hörte kein fröhliches Gelächter.

Aber am nächsten Montagmorgen fand ich Susan Kate, die den Frühstückstisch deckte und zweifellos Anzeichen von Trauer zeigte — tatsächlich sah sie aus, als hätte sie sich die Augen ausgeweint. Und dieses Mal war es nicht nötig, sie um ihr Vertrauen zu bitten, denn sie war nur zu begierig darauf, ihre Sorgen auszudrücken.

„Er hat sie letzte Nacht zur Kirche und wieder nach Hause begleitet!“ rief Susan Kate aus und schluchzte fast. „Und sie saßen in derselben Bank und sangen aus demselben Buch, genau wie er und ich es immer getan hatten.

Und Bob Johnson, er sah sie die Low Field Lane hinuntergehen und sagte, sie hätten die Arme hängen lassen!"

„Lieber, Schatz, Schatz!" sagte ich. „Das, Susan Kate, wird langsam ernst."

„Und diese Woche ist die Blumenschau in Cornborough", fuhr Susan Kate fort, „und er hatte treu versprochen, mich dorthin mitzunehmen, aber jetzt gehe ich davon aus, dass er sie mitnehmen wird – eine böse, gemeine, boshafte Katze!"

„John Williams Verhalten ist höchst außergewöhnlich", sagte ich. „Das ist – ja, Susan Kate, es ist verwerflich. Verwerflich!"

Susan Kate sah mich halb misstrauisch an.

„Ich möchte nichts gegen John Willie sagen", sagte sie. „Ich weiß, was mit ihm los ist. Weil sie sich so gut kleidet – ich habe sie am ersten Sonntag gesehen, als sie in die Kirche kam. Und John Willie hat so ein Auge für Putz. Aber aus feinen Federn ergeben sich tolle Vögel. Ich könnte genauso sein Gut so, wie sie ist, wenn ich nicht meinen Lohn nach Hause schicken müsste, als mein Vater sich neulich das Bein gebrochen hat. In Miss Duxberrys Fenster in Cornborough steht ein Hut, der mir nur passen würde, wenn ich ihn nur kaufen könnte Ich würde gerne sehen, was John Willie dann sagen würde, denn ich sehe jeden Tag genauso gut aus wie sie, trotz ihrer gelben Haare!"

Dann zog sich Susan Kate zurück, vermutlich um noch ein paar Tränen zu weinen. Aber am nächsten Morgen war sie wieder ganz stolz.

„Er wird sie zur Blumenschau mitnehmen", sagte sie, während sie den Frühstückstisch deckte. „Er hat es Bob Johnson gestern Abend gesagt, und Bob hat es mir heute Morgen erzählt."

„Das ist sehr schlimm, Susan Kate", sagte ich. „Ein Mann sollte sein Versprechen niemals brechen. Ich bin überrascht über John William. Hat er Ihnen nichts davon gesagt?"

„Wir haben kein Wort miteinander gesprochen, seit ich ihm gesagt habe, dass ich ihn und sie in Low Field Lane treffen soll", sagte Susan Kate. „Nein, wenn er sie mir vorzieht, kann er sie haben und willkommen heißen. Ich werde nichts mehr mit jungen Männern zu tun haben – sie sind so launisch!"

„Sollst du zur Blumenschau gehen, Susan Kate?" Ich habe nachgefragt.

„Nein, das werde ich nicht!" schnappte Susan Kate. „Sie können es für sich haben, und dann sind sie passend."

Ich ging tagsüber nach Cornborough und fand heraus, wo sich Miss Duxberrys Laden befand. Es war nicht schwer, den Hut zu erkennen, den

Susan Kate erwähnt hatte, und auch nicht zu erkennen, dass das Mädchen einen ungewöhnlich guten Geschmack hatte und dass er auf ihrem üppigen rabenschwarzen Haar tatsächlich sehr gut aussehen würde. Ein an ihrem Stand angebrachtes Etikett verkündete, dass es aus Paris stamme und dass der Preis eine Guinee sei – nun, Susan Kate war durchaus würdig, die neueste Pariser Mode im Wert von einundzwanzig Schilling zu kaufen. Außerdem gab es John Williams Zukunft zu bedenken. Also schickte ich den Pariser Hut von einem speziell beauftragten Jungen zur Sweetbriar Farm, der feierlich versprach, sich daran zu erinnern, welche Pflicht ihm übertragen wurde.

An diesem Abend, nach meiner Rückkehr auf die Farm, nach meinem Abendessen und einer kurzen Besprechung mit Susan Kate, machte ich mich auf den Weg zum Hof, wo Bob Johnson, der zweite „Leber-in", ausnahmslos in seinem Haus anzutreffen war Freizeitmomente, auf den Stufen des Getreidespeichers sitzend und entweder damit beschäftigt, Peitschenhiebe zu flechten oder Pfeifen aus Eschenzweigen zu basteln. Mr. Johnson war ein stämmiger junger Herr von zwanzig Jahren und mit schwerem Gesicht und massiger Statur, der gerade über genügend Intelligenz verfügte, um einen Pflug von einer Egge zu unterscheiden, und der festen Überzeugung, dass die erste Pflicht aller wohlgeordneten Bürger darin bestand, zu essen und zu trinken so viel wie möglich. Ich gab ihm eine Zigarre, an der er sofort zu saugen begann, als wäre es seine eigene Pfeife, und verbrachte den Tag mit ihm.

„Ich nehme an, du gehst morgen zur Blumenschau?" Ich sagte.

Mr. Johnson schüttelte den Kopf über seinen Schleudertrauma.

„Ich weiß es sicher nicht", antwortete er. „Der Meister hat uns einen halben Tag frei gegeben, aber ich bin bei diesen Gelegenheiten nicht so toll. Ich bezweifle, dass ich nicht anwesend sein werde."

„Sehen Sie", sagte ich, „möchten Sie einen halben Sovereign verdienen?"

Um dieses großartige Angebot hervorzuheben, zog ich die erwähnte Münze aus meiner Westentasche und ließ die Abendsonne darauf scheinen. Mr. Johnsons Augen funkelten und er öffnete seinen Mund höhlenartig.

"Wie?" sagte er und kratzte sich am rechten Ohr.

„Jetzt hör mir zu", sagte ich; „Morgen Nachmittag sollst du deine besten Sachen anziehen und Susan Kate zur Blumenschau mitnehmen. Ich gebe dir zwei Schilling, um dich einzuzahlen, und fünf Schilling, die du mitnehmen kannst, und dich." Ich werde fünf Schilling mehr haben, wenn du zurückkommst.

Mr. Johnson kratzte sich erneut am Ohr.

„Es kann sein, dass Susan Kate nicht geht", sagte er zweifelnd. „Ich habe sie noch nie irgendwohin begleitet."

„Susan Kate wird mit dir gehen", sagte ich entschieden. „Seien Sie um drei Uhr bereit. Und denken Sie daran, Sie dürfen zu niemandem ein Wort darüber sagen – nicht zu John William. Wenn Sie das tun, gibt es keine zehn Schilling."

Mr. Johnson nickte.

„John Willie geht zur Blumenschau", bemerkte er. „Er geht mit der neuen Dienerin auf die Spinney Farm. Er und Susan Kate sind zerstritten. Ich sage, Mister!"

"Also?" Ich antwortete.

„Ich bin nicht der Typ für Mädels", sagte Mr. Johnson. „Ich möchte nicht, dass Susan Kate denkt, dass ich ihr den Hof mache. Denn das werde ich nicht tun."

„Susan Kate wird die Sache durchaus verstehen", sagte ich.

„Na ja, zehn Schilling sind natürlich zehn Schilling", murmelte Mr. Johnson. „Sonst hätte ich zu Hause bleiben sollen."

Am nächsten Tag um halb zwei nahm ich eine Position im Garten ein, von der aus ich den Beginn der Blumenschau sehen konnte. Alsbald trat John William heraus, gekleidet in sein Bestes und mit einer gelben Teerose – er marschierte tapfer davon, aber sein Gesicht war düster und bewölkt. Eine Viertelstunde später erschienen Miss Sutton und Mr. Johnson um die Ecke des Hauses. Die Dame sah in ihrem besten Kleid und dem neuen Hut wirklich gut aus, und in meinen erschöpften Augen war deutlich zu sehen, dass sie ihren eigenen Wert kannte und für den Sieg gewappnet war. Ihre Wange war gerötet und ihre Augen leuchteten, was viel bedeutete. Was Mr. Johnson betrifft, der einen schwarzen, ausgeschnittenen Mantel und schieferblaue Hosen trug, einen hohen Kragen trug und einen zwei Nummern zu kleinen Billycock-Hut trug, so sah er ungefähr so glücklich aus, als würde er sofort sterben Hinrichtung und sah sich elend um, als suche er nach Erlösung. Er ging einen Meter hinter Susan Kate her – und Susan Kate schien ihn wie einen Hund zu betrachten, der ihm folgt.

Es dürfte ungefähr anderthalb Stunden später her sein, als Mr. Johnson allein über die Wiese auf die Farm zuschlurfte. Er wirkte nachdenklich, aber unendlich erleichtert, als ob eine große Last von seinem Geist gefallen wäre. Ich ging in den Hof hinaus und fand ihn auf der Brunnenwand sitzend.

„Du bist bald wieder zu Hause", bemerkte ich.

„Ja", antwortete er, „ja. Ich habe keinen Grund gesehen, dort anzuhalten –
Blumenschauen sind nichts für mich. Natürlich habe ich getan, was Sie gesagt
haben, Herr – ich habe Susan Kate dorthin gebracht und bin mit ihr
hineingegangen." , und führte sie herum.

„Und wo ist Susan Kate?" Ich habe nachgefragt.

Mr. Johnson nahm den zu kleinen Hahn ab und kratzte sich am Kopf.

„Na ja", sagte er, „sie ist bei John Willie. Sehen Sie, als sie und ich dort
ankamen, führte ich sie um das große Zelt herum, und wir trafen John Willie
und dort Lydia Lightowler vom Spinney. Susan Kate schenkte ihr keine
Beachtung Sie gingen an ihnen vorbei, als wären sie so viel Dreck, und John
Willie blickte uns wie Donner an. Nun, wir machten weiter, und wir waren
an einer ruhigeren Stelle angelangt, als John Willie allein auftauchte und packt
mich am Arm. „Was meinst du damit", sagt er grimmig, „dass du mein
Mädchen rausführst, sonst breche ich dir jeden Knochen in deinem Körper!"
„Ich wusste nicht, dass Susan Kate jetzt dein Mädchen ist", sagte ich. „Ich
dachte, du hättest dich gestritten." „Hör zu!" Er sagt: „Oh, sehr gut", sage
ich. „Ihr könnt es untereinander regeln." Also habe ich Susan Kate bei ihm
gelassen und bin nach Hause gekommen, vielleicht geben Sie mir jetzt die
anderen fünf Schilling, wenn Sie bitte, Herr.

Dann zog sich Herr Johnson zurück, um bequemere Kleidung anzuziehen,
und ich ging spazieren, um zu meditieren. Und als ich in der sanften
Dämmerung zurückkam, traf ich auf John William und Susan Kate. Sie
blieben am Tor stehen, und sein Arm lag um ihre Taille, und gerade als ich
sie erblickte, bückte er sich und küsste sie.

Das war natürlich der Grund für die außergewöhnliche Freude in Susan
Kates Gesicht, als sie das Tischtuch für das Abendessen bereitstellte.

KAPITEL X

Der Weg des Kometen

Sollte er noch am Leben sein (und wenn ja, muss er jetzt ein sehr alter Mann sein und genügend Zeit gehabt haben, über mehr als eines nachzudenken), wird Bartholomew Flitcroft von dem Kometen gehört haben, der sich jetzt in unserer Nachbarschaft befindet was man üblicherweise als gemischte Gefühle beschreibt. Ich kann mich nicht mehr genau daran erinnern, wann genau der letzte Komet von Bedeutung uns besuchte; Wenn Bartholomäus existiert und sein Andenken bewahrt hat, hat er einen besseren Grund zu wissen als die meisten Menschen. Zumindest kann das so sein oder auch nicht, denn niemand kann jemals sagen, wie sich etwas entwickeln wird. Als dieser besondere Komet gekommen und wieder verschwunden war, war Bartholomäus ein zutiefst enttäuschter Mann; Ob er wirklich einen Grund dazu hatte, wird niemand erfahren.

Was Bartholomews Status in der Welt angeht, war er ein kleiner Bauer in Orchardcroft – ein Mann mittleren Alters mit rohen Knochen und scharfkantigem Gesicht, dessen größte Schwierigkeit im Leben darin bestand, sich über irgendetwas zu entscheiden. Wenn ihm beim Spaziergang durch sein Land die Idee kam, Sommerweizen zu säen oder Kartoffeln anzupflanzen, blieb er stocksteif stehen, wo auch immer er war, kratzte sich am Ohr und dachte und überlegte, bis in seinem Kopf ein Zustand des Chaos herrschte. So war er schon immer gewesen, und da er Junggeselle war, wurde es mit zunehmendem Alter immer schlimmer. Er würde nie etwas tun, ohne dass er es von allen Seiten untersucht hätte, und als einmal einer seiner Stapel in Brand geriet, überlegte er so lange, in welche der beiden Nachbarstädte er die Feuerwehr holen sollte dass der Stapel verbrannt wurde und drei andere mit ihm.

Soweit jemand wusste, der ihn kannte, widmete Bartholomäus dem Thema Ehe erst im Alter von weit über vierzig Jahren seine Aufmerksamkeit. Ob es ihm dann einfiel, weil seine Haushälterin den Butler in der Halle geheiratet hatte, konnte niemand mit Sicherheit sagen, aber es ist sicher, dass er sich dann nach einer Frau umzusehen begann. Natürlich ließ er dabei die für ihn typische Vorsicht walten und kam dabei auch auf einen etwas originellen Plan. Er hielt die Augen offen, wann immer er in die Kirche oder auf den Markt ging, und da es ein schöner Frühling und Sommer war, als ihm der Gedanke an eine Ehe kam, begann er sonntagabends zu den Kirchen und Kapellen in benachbarten Dörfern mit Aussicht zu reiten sich die wahrscheinlichen Damen anzusehen. So beschloss er schließlich, die Witwe Collinson aus Ulceby zu heiraten.

Nun war Witwe Collinson eine gut aussehende, wohlerhaltene Frau von etwa vierzig Sommern, deren erster Ehemann, Jabez Collinson, ein sehr schönes Geschäft als Maismüller in Ulceby geführt und sie daher komfortabel versorgt hatte. Als er starb, führte sie das Geschäft weiter, und es wurde gesagt, dass sie es bereits verbesserte und es ihr besser ging als Jabez. Eine solche Frau wurde natürlich bald verfolgt, und das umso mehr, als sie keine Belastungen hatte, wie man in diesem Teil des Landes Kinder nennt; Mindestens ein halbes Dutzend Männer machten ihr Schafsaugen, bevor Bartholomäus die Szene betrat. Was auch immer es war, das sie dazu brachte, eine gewisse Sympathie für Bartholomew zu entwickeln, niemand konnte verstehen, aber Tatsache ist, dass sie es tat – jedenfalls begann Bartholomew, mindestens dreimal in der Woche nach Ulceby zu reiten, und es war allgemein bekannt, dass die Witwe gab ihm immer ein warmes Abendessen, weil die Nachbarn das Essen rochen. Eines Abends kochte sie ihm ein paar Enten mit einer Füllung aus Salbei und Zwiebeln, und natürlich wussten damals alle, dass sie über eine Heirat nachdachten. Und diejenigen, die mit Bartholomäus' vorherrschendem Charakter vertraut waren, waren etwas überrascht, dass er sich so schnell entschieden hatte.

Man ging in Orchardcroft immer davon aus, dass ohne Mr. Pond, den Schulmeister, die Hochzeit von Mrs. Collinson und Mr. Flitcroft noch in diesem Jahr gebührend gefeiert worden wäre. Bartholomew hätte vielleicht für einige Verzögerungen an der Post gesorgt, aber es war offensichtlich, dass er es ernst meinte, wenn er einmal davonkommen würde. Und es war sicherlich der Schulmeister, der ihn dazu brachte, das zu tun, was er tat. Er und Mr. Pond lebten in der Nähe von Nachbarn und hatten seit vielen Jahren die Angewohnheit, im Haus des einen oder des anderen ihre Pfeifen zu rauchen. Sie tranken etwas Tröstliches und setzten sich über das Feuer, und Mr. Pond erzählte Bartholomew immer die Neuigkeit, denn Bartholomew las nie etwas anderes als die Marktberichte und den Almanach von Old Moore. Und eines Abends, als sie einander so Gesellschaft leisteten und Bartholomew an Mrs. Collinson und ihre Mühle dachte, bemerkte Mr. Pond kopfschüttelnd:

„Das sind sehr ernste Neuigkeiten über diesen Kometen, Mr. Flitcroft."

"Welche Neuigkeiten?" fragte Bartholomäus.

„Warum ist es mit diesem Kometen, der auf uns zurast", antwortete Mr. Pond.

„Was ist ein Komet?" fragte Bartholomäus.

„Ein Komet", sagte Mr. Pond in den Tönen, die er benutzte, als er die Kinder unterrichtete, „ein Komet ist ein himmlischer Feuerkörper, der mit erstaunlicher Geschwindigkeit durch den Weltraum rast. Er rast jetzt auf uns zu, Sir, bei Millionen und Abermillionen Meilen pro Tag!"

"Wie groß ist es?" fragte Bartholomäus.

„Viel größer als unsere Erde, Mr. Flitcroft“, antwortete der Schulmeister. „Sein Schwanz ist zwanzig Millionen Meilen lang.“

„Und du sagst, es kommt hierher?“ fuhr Bartholomäus fort.

„Da sind sich die wissenschaftlichen Herren einig, Sir“, sagte Mr. Pond. „Ja, dieser gewaltige Feuerkörper stürmt auf uns zu, wie wilde Tiere sich auf ihre Beute stürzen. Er kann gnädigerweise zur Seite gedreht werden und uns nur mit seinem Schwanz streifen; er könnte direkt auf uns herabstürzen, und dann –“

Mr. Pond schloss mit einem ausdrucksstarken „Ah!“ und Bartholomäus starrte ihn an.

„Ist das alles wahr?“ er hat gefragt. „Steht es in den Zeitungen?“

„Die Zeitungen, mein Herr, sind gerade voll davon“, antwortete der Schulmeister. „Das ist das Thema der Stunde. Sir Gregory Gribbin, der große Astronom, sagt, dass wir mit Sicherheit vom Schweif zerquetscht werden. Und wenn der Schweif aus bestimmten Gasen besteht – wie er denkt – dann ja!“

„Was wird passieren?“ fragte Bartholomäus.

„Wir werden alle ersticken – ersticken!“ antwortete Herr Pond feierlich. „Wir werden wie Spreu durch heftiges Feuer verdorren.“

Als Mr. Pond gegangen war, wandte sich Bartholomew der *Yorkshire Post* zu und ignorierte zum ersten Mal die Marktberichte, über denen er im Allgemeinen jeden Abend eine Stunde lang brütete. Er las viel Wissenswertes über den sich schnell nähernden Kometen und ging mit wirbelndem Gehirn zu Bett. Am nächsten Morgen ignorierte er erneut die Marktberichte und ließ seinen Kaffee abkühlen, während er mehr über den Kometen las.

Zufälligerweise konnte Bartholomew Ulceby mehrere Tage lang nicht besuchen, weil bei seinem Vieh eine Krankheit ausgebrochen war, und als er das nächste Mal hinging, bemerkte die Witwe, dass er sehr besorgt aussah und beschäftigt war. Als es dem Vieh wieder gut ging, fragte sie sich, was los sei, erhielt aber zunächst keine zufriedenstellende Erklärung. Bartholomew wirkte ungewöhnlich nachdenklich und drehte viel Däumchen.

„Ich sage“, sagte er, „ich – ich denke, wir sollten den Gedanken an eine Heirat besser aufschieben, bis wir sehen, was dieser Komet bewirkt – nicht wahr?“

„Welcher Komet?" fragte die erstaunte Witwe.

„Na, dieser Komet, der sich nähert", antwortete Bartholomäus. „Es kommt wie eine Kugel. Ich wollte diese Woche sowohl hier als auch in Orchardcroft die Aufgebote aufhängen, aber ich verstehe nicht, welchen Sinn es haben soll, zu heiraten, wenn wir alle im Handumdrehen zu Asche verbrannt werden." ein Auge. Ich lese Ihnen die neuesten Nachrichten darüber vor.

Daraufhin holte Bartholomew, den Mrs. Collinson zu diesem Zeitpunkt mit gemischten Gefühlen der Besorgnis und etwas, das fast an Verachtung grenzte, betrachtete, eine Menge Zeitungsausschnitte hervor, die er sorgfältig aus verschiedenen Zeitschriften herausgeschnitten hatte – plötzlich hatte sich seine Vorliebe für die Wissenschaft entwickelt. Mit klangvoller Stimme las er die astronomischen Begriffe vor.

„Es ist eine sehr ernste Sache", sagte er. „Ich denke, wir müssen die Sache aufschieben. Der Komet wird bald hier sein."

„Ich nehme an, du wirst danach Ausschau halten?" sagte Mrs. Collinson mit gedämpfter Stimme.

„Nun, ich und Mr. Pond, unser Schulmeister, haben ein Teleskop gekauft", antwortete Bartholomew großartig. „Ja, wir schlagen vor, sogenannte Beobachtungen durchzuführen."

„Ich bin mir sicher, dass Sie keinen besseren Job finden könnten", bemerkte Mrs. Collinson.

In der nächsten Nacht und in der nächsten und in der nächsten wieder und mehrere Nächte lang beschäftigten sich Mr. Pond und Mr. Flitcroft mit astronomischen Beschäftigungen. Dann, am kommenden Sonntag, hörte Mr. Flitcroft seltsame Neuigkeiten, die ihn eilig zu seiner Witwe schickten. Sie traf ihn an ihrer Tür – kalt. Mr. Flitcroft keuchte eine Frage.

„Ja", sagte sie, „es ist wahr. Mr. Samuel Green und ich wurden heute Morgen in der Kirche geweint, und ich werde ihn heiraten. Jetzt wissen Sie es also."

„Aber was soll ich tun?" rief Bartholomäus und kratzte sich am Ohr.

"Tun?" sagte Frau Collinson. „Du kannst tun, was dein kostbarer Komet tun wird. Geh dorthin zurück, wo du hergekommen bist!"

KAPITEL XI

Brüder in Not

Überall auf dem Land hieß es früher, dass man einen langen Tagesmarsch machen und alle Städte und Dörfer absuchen könnte, die einem begegneten, und dann nach Hause zurückkehrte, ohne ein Beispiel für David-und-Jonathan-ähnliche Zuneigung und Hingabe zu finden gesehen im Leben von Thomas und Matthew Pogmore. Zunächst waren es Zwillinge, die beide Eltern verloren hatten, bevor sie selbst das Mannesalter erreichten; Dieses traurige Ereignis schien sie eng zusammenzuschweißen, und im Alter von fünfzig Jahren lebten sie immer noch als Junggesellen in dem alten Bauernhaus, in dem sie zum ersten Mal das Licht der Welt erblickt hatten. Sie waren noch nie einer Frau nachgelaufen, ob jung oder alt, und jeder, der sie kannte – und das war auch bei allen der Fall – sagte, dass sie Single leben und sterben würden. Einige gemeinnützige Leute sagten, sie seien viel zu gemein, um zu heiraten, denn sie hatten einen guten Ruf für Sparsamkeit und waren dafür bekannt, lange Zeit auf beide Seiten eines Sixpence zu achten, bevor sie sich von ihm trennten. Und doch gab es andere Leute, die sich wunderten, dass sie nie geheiratet hatten, denn sie waren beide wohlgeformte, gutaussehende, rosige, gut erhaltene Männer, die im frühen Mannesalter gutaussehend gewesen waren und immer noch gut aussahen auf. In jeder Hinsicht waren sie sich im Aussehen sehr ähnlich – sie waren sich auch in der Tatsache ähnlich, dass jeder ein Paar kleiner, schlauer Augen besaß, die immer alles im Auge zu behalten schienen.

Das häusliche Leben von Thomas und Matthew in ihrem alten Bauernhaus war von ruhigen und friedlichen Tagen geprägt. Sie waren wohlhabend und das Land, das sie bewirtschafteten, war gut. Sie hatten eine Haushälterin, etwa zehn Jahre älter als sie, die alle ihre Sitten kannte. Sie lebten das normalste aller Leben. Um acht Uhr frühstückten sie. Von neun bis eins waren sie auf ihren Feldern oder Hürden unterwegs. Um eins aßen sie zu Abend, warfen einen Blick auf die Zeitung, rauchten eine Pfeife, tranken ein Glas und machten vierzig Sekunden lang ein Nickerchen, jeder in seinem eigenen Sessel. Als sie so erfrischt waren, gingen sie wieder hinaus ins Land, bis um halb sechs im Wohnzimmer der Nachmittagstee serviert wurde. Nach dem Verzehr – und sie aßen reichlich – wurde die Spirituosenkiste mit den Zigarren aufgestellt und die friedlichen Pflichten des Abends begannen. Manchmal lesen sie mehr Zeitungen; manchmal sprachen sie von Schweinen oder Rüben oder den unterschiedlichen Qualitäten von Kunstmist. Und genau um zehn Uhr, nachdem sie genau so viel Grog getrunken und genau so viele Pfeifen oder Zigarren geraucht hatten, zogen sie sich ins Bett und schliefen den Schlaf der Unschuldigen. Es war ein harmloses und sehr beruhigendes Leben.

Dieses Leben hatte natürlich gelegentliche Variationen. Es gab zum Beispiel den wöchentlichen Markttag, an dem sie die vier Meilen entfernte kleine Stadt besuchten, Geschäfte machten, im normalen Rahmen aßen und ihr Marktgeld bezogen. Sie waren in letzterem Fall großzügig, wie in allen Fragen des Essens und Trinkens, aber niemand sah sie jemals marktfröhlich – dafür waren sie viel zu vorsichtig und weise. Dann gab es hin und wieder Messetage, an denen man teilnehmen konnte, und manchmal reisten sie in entlegene Teile des Landes, um Schafe oder Rinder zu kaufen – diese Vorkommnisse stellten für sie einen Bruch in ihrem Leben dar, aber es kam selten vor, dass ihre wohlgenährten Gestalten nicht vorgefunden wurden auf beiden Seiten des Kaminvorlegers, als die Abendschatten hereinbrachen.

Und dann begann Thomas, zum großen Erstaunen von Matthew, plötzlich einen neuen Aufbruch. In der Regel ritten die Brüder gemeinsam vom Markt nach Hause; Es kam eine Zeit, in der er vermisst wurde, als es Zeit wurde, nach Hause zu gehen, und Matthew musste ohne ihn nach Hause gehen. Dreimal kam er zu spät zurück und entschuldigte sich. Er fing an, immer mehr Ausreden zu finden, wenn es darum ging, abends in die Marktstadt zu fahren, und sein Zwillingsbruder wurde oft allein gelassen. Matthew wurde erst beunruhigt, dann bekam er Angst. Und als ihm schließlich klar wurde, dass Thomas, wenn er auf diese geheimnisvolle Weise davonging, sich immer schick machte, brach Matthew in kalten Schweiß aus und wagte es, einen schrecklichen Verdacht zu äußern.

„Er ist hinter einer Frau her!"

Er blickte sich im gemütlichen Salon um und dachte darüber nach, was es bedeuten würde, wenn Thomas ihm eine Frau vorstellen würde. Natürlich würde sie alles ändern wollen – Frauen taten das schon immer. Sie würde sagen, dass Zigarren die Vorhänge riechen ließen und dass die Karaffen erst vor dem Zubettgehen herausgeholt werden durften. Und sie würde zweifellos erwarten, seinen Sessel zu haben. Die Aussichten waren schrecklich.

„Wer kann sie sein?" fragte er sich und seine Bestürzung war so groß, dass er seine Zigarre ausging und sein Grog kalt wurde.

Thomas kam an diesem Abend mit sehr strahlenden Augen und einer vornehmen Miene nach Hause. Er mixte sich einen Drink und thronte in seinem Sessel.

„Matthew, mein Junge!" sagte er auf seine großartigste Art. „Matthew, ich habe keinen Zweifel, dass sich die Leute oft gefragt haben, wie es kam, dass wir nie den ehelichen Zustand des Lebens eingegangen sind."

Matthew schüttelte traurig den Kopf. Etwas kam.

„Ehe, Thomas", antwortete er schwach, „Ehe ist mir jetzt noch nie in den Sinn gekommen."

Thomas wedelte verständnisvoll mit der Hand.

„Genau so, einfach so, Matthew", sagte er. „Natürlich waren wir bis – bis vor Kurzem noch zu jung, um über solche Dinge nachzudenken. Ein Mann sollte nicht über solche Dinge nachdenken, bis er das Alter der Diskretion erreicht hat."

Matthew nahm launisch einen Schluck vom Inhalt seines Glases.

„Hast du selbst an diesen Lebenszustand gedacht, Thomas?" er erkundigte sich.

Thomas wuchs an Größe und Bedeutung, bis er wie ein großer Frosch aussah.

„Ich wollte gerade die Ankündigung machen, Matthew", sagte er, „die wichtige Ankündigung, dass ich Mrs. Walkinshaw zum Altar führen werde –"

„Was, sie vom Dusty Miller!" rief Matthew aus und nannte ein bekanntes Gasthaus in der Marktstadt.

„Mrs. Walkinshaw – wie auch immer Mrs. Thomas Pogmore – ist mit Sicherheit die Eigentümerin dieses Hauses, Matthew", antwortete Thomas. "Ja, ist sie!"

"Gut gut!" sagte Matthew. „Ah, genau so." Er blickte seinen Bruder mit dem schlauen Pogmore-Gesichtsausdruck an. „Ich denke, sie hat eine ziemlich warm gefütterte Handtasche, nicht wahr, Thomas? – er war ein wohlhabender Mann, war ihr erster Ehemann."

„Ich habe keinen Zweifel daran, dass Mrs. Thomas Pogmore, so wie sie sein wird, ein nettes kleines Vermögen mitbringen kann, Matthew", sagte der künftige Bräutigam mit großer Selbstgefälligkeit, „ein sehr schönes kleines Vermögen. Es wird sein, was der verstorbene Mr . Walkinshaw ist gegangen, und was sie gespart hat, und da wäre noch der gute Wille des Unternehmens, der einen hübschen Penny einbringen sollte.

„Und es gibt keine Belastungen, denke ich", bemerkte Matthew.

„Es gibt keine Belastungen", sagte Thomas. „Nein, es ist eine angenehme Sache, darüber nachzudenken. Ich – ich könnte es nicht ertragen, ein Rudel – Kinder in der Gegend zu haben."

Matthew sah sich noch einmal um und seufzte erneut.

„Natürlich wird es einen Unterschied machen", begann er.

Thomas hob abfällig die Hand.

„Nicht für dich, Matthew!" er sagte. „Nicht im Geringsten, Bruder. Mrs. Thomas Pogmore weiß sicherlich, dass die Hälfte von allem hier Ihnen gehört. Das bedeutet nur, dass Sie einen weiteren Sessel kaufen müssen, der dort in der Mitte des Kamins platziert werden kann."

„Natürlich weiß sie, was Männer sind, nachdem sie in der Öffentlichkeit gestanden hat", sagte Matthew etwas beruhigt. „Ich möchte nicht, dass an dem alten Ort etwas verändert wird oder dass meine Gewohnheiten beeinträchtigt werden."

Mr. Thomas Pogmore deutete an, dass alles beim alten Schema weitergehen würde, und marschierte sofort ins Bett, eine fröhliche Melodie summend. Offensichtlich war er sehr gut gelaunt mit sich selbst, und das blieb auch einige Wochen lang so. Während dieser Zeit fuhr Mrs. Walkinshaw, eine hübsche, schwarzäugige Witwe von vermutlich fünfundvierzig Jahren, gelegentlich vorbei und trank Tee mit ihm Zwillinge, möglicherweise mit der Absicht, ihr zukünftiges Zuhause kennenzulernen. Sie war eine lebhafte und lebhafte Dame, und Matthew war der Meinung, dass Thomas guten Geschmack bewiesen hatte.

Und dann kam eine Nacht, in der Thomas, der früher als sonst nach Hause kam, sehr verzweifelt den Salon betrat, sich auf einen Stuhl warf und stöhnte. Dass es ihm sehr schlecht ging, schloss Matthäus sofort aus der Tatsache, dass er es versäumte, sich mit geistiger Erfrischung zu versorgen.

„Was ist los, Thomas?" fragte der jüngere Zwilling.

Thomas stöhnte noch lauter.

"Gegenstand!" rief er schließlich, unternahm eine gewaltige Anstrengung und griff auf die Dekanter und Zigarren zurück. „Das ist eine Sache, Matthew. Ich wage zu sagen", fuhr er fort, nachdem er seinen Trank mit der Andeutung getrunken hatte, dass er so bitter wie Aloe sei, „ich wage zu sagen, ich hätte gewarnt werden sollen, denn es gibt viele Sprichwörter über die Gebrechlichkeit und Betrug an Frauen. Aber da ich nie etwas mit ihnen zu tun hatte, war ich sozusagen unbewaffnet für den Wettbewerb.

„Dann hat sie dich betrogen, Thomas?" fragte Matthew.

„Hat mich grausam betrogen", seufzte Thomas. „Ich werde nie wieder an diesen Sex glauben."

Matthew blies ein paar blaue Rauchspiralen aus, bevor er eine weitere Frage stellte.

„Ich könnte hoffen", sagte er schließlich, „Ich könnte hoffen, Thomas, dass es nicht um die Geldfrage ging?"

Thomas schüttelte traurig den Kopf und füllte anschließend sein Glas nach.

„Es ging um die Geldfrage, Matthew", sagte er. „Mir war klar, dass sie mit einem beträchtlichen Vermögen zu mir gekommen war; einem sehr beträchtlichen Vermögen!"

"Also?" fragte Matthew atemlos.

Thomas breitete mit einer verzweifelten Geste die Hände aus.

„Alles vergeht ihr, wenn sie wieder heiratet!" sagte er knapp.

"Ist es wahr?" fragte Matthew.

„Hab es mir selbst gesagt – noch heute Abend", antwortete Thomas.

In der Bauernstube herrschte Totenstille. Thomas zündete sich eine Zigarre an und rauchte nachdenklich; Matthew füllte seine Kirchenpfeife wieder auf und blies blaue Ringe an die Decke, wohin er blickte, als wäre er auf der Suche nach Inspiration. Er war es, der zuerst sprach.

„Das ist ein schlechter Job, Thomas", sagte er; „Eine sehr schlechte Arbeit. Natürlich werden Sie nicht dafür sein, dass Sie Ihren Teil der Vereinbarung erfüllt haben?"

„Ich wurde grausam getäuscht", sagte Thomas.

„Gleichzeitig", sagte Matthew, „haben Sie, als diese Verlobung zwischen Ihnen geschlossen wurde, nicht zur Bedingung gemacht, dass das Vermögen mit ihr kommen sollte?"

„Nein-o!" antwortete Thomas.

„Wenn Sie sie dann über Bord werfen, kann sie Sie natürlich wegen Versprechensbruchs verklagen, und da Sie ein wohlhabender Mann sind, wäre der Schaden hoch", bemerkte Matthew.

Thomas stöhnte.

„Was getan werden muss, Thomas, muss das Management tun", sagte der jüngere Zwilling. „Wir müssen Diplomatie anwenden, wie sie es nennen. Sie müssen für eine Weile weggehen. Es ist jetzt eine entspannte Zeit bei uns, und Sie haben nichts Besonderes zu tun – gehen Sie und verbringen Sie zwei Wochen im Scarborough Spaw, und wenn das vorbei ist, gehen Sie." und Cousin Happleston auf seiner Farm in Durham sehen; er wird sich freuen, Sie zu sehen. Und während Sie weg sind, werde ich die Angelegenheit regeln – überlassen Sie es mir.

Thomas hielt diesen Rat für einen sehr guten Rat und sagte, er würde ihn in die Tat umsetzen, und er ging früher als gewöhnlich in sein Zimmer, um einen Koffer einzupacken, damit er am nächsten Morgen früh vom unmittelbaren Schauplatz seiner späten Sorgen aufbrechen konnte. Als er gegangen war, mixte sich Matthew seinen üblichen Schlummertrunk, probierte davon, um sich zu vergewissern, dass er dem Rezept entsprach, und wärmte sich dann am Feuer den Rücken, rieb sich die Hände und lächelte.

„Es war eine gute Idee meinerseits, in dieser Angelegenheit mit Anwalt Sharpe zu sprechen", dachte er bei sich. „Ich frage mich, dass Thomas nie darüber nachgedacht hat."

Er zog einen Brief aus seiner Brusttasche und las ihn langsam durch. Das hat er gelesen:

„PRIVATE
10, *Market Place, Cornborough* , 11.
Mai 18 –.

„MR. MATTHEW POGMORE.

„Sehr geehrter Herr, gemäß Ihren Anweisungen habe ich veranlasst, dass das Testament des verstorbenen Mr. Samuel Walkinshaw vom Dusty Miller Hotel in dieser Stadt im Somerset House eingesehen wird. Mit Ausnahme einiger unbedeutender Vermächtnisse an Bedienstete und … Alte Freunde, das gesamte Vermögen der Verstorbenen wurde bedingungslos der Witwe überlassen, es gab keinerlei Einschränkung hinsichtlich ihrer möglichen zweiten Ehe. Die Bruttopersönlichkeit betrug ungerade 15.237 Pfund; Eigentum, Firmenwert, Lagerbestände und Mobiliar des Dusty Miller wurden ebenfalls der Witwe überlassen.

„Ich bin, sehr geehrter Herr, mit freundlichen Grüßen,

„SAMUEL SHARPE."

Matthew faltete diesen Brief sorgfältig in seinen ursprünglichen Falten und steckte ihn immer noch lächelnd in seine Tasche.

"Ah!" er murmelte. „Was für eine Sache es ist, ein wenig Wissen zu haben und zu wissen, wie man es nutzt!"

Dann ging auch er zu Bett, schlief gut und stand am nächsten Morgen auf, um seinen Zwillingsbruder zu verabschieden. Er wünschte ihm guten Mutes und prophezeite ihm, dass er als freier Mann zurückkehren würde. Allein gelassen kicherte er.

Matthew ließ einige Tage verstreichen, bevor er nach Cornborough ging. Mrs. Walkinshaw wirkte etwas überrascht, ihn zu sehen, obwohl er in letzter Zeit gelegentlich das Haus besuchte. Als privilegierter Besucher betrat er ihr privates Wohnzimmer.

„Und bitte, was ist heutzutage aus Thomas geworden?" sie erkundigte sich, als Matthew bequem auf dem bequemsten Stuhl Platz genommen hatte.

Matthew schüttelte den Kopf. Sein Verhalten war geheimnisvoll.

„Fragen Sie mich nicht, Ma'am", sagte er traurig. „Es ist ein schmerzhaftes Thema. Natürlich, aber zwischen Ihnen und mir und dem Posten, wie man so schön sagt: Thomas ist nach Scarborough Spaw gegangen, Ma'am."

„Nach Scarborough!" rief Frau Walkinshaw aus. "Wozu?"

Matthew seufzte und warf ihr dann einen ausdrucksvollen Blick zu.

„Er ist ein bisschen schwul, Thomas, Ma'am", sagte er. „Wippt ab und zu gern mit einem lockeren Bein, verstehen Sie. Bei uns wird es mit der Zeit etwas langweilig. Aber ich selbst bin ganz für zu Hause."

Mrs. Walkinshaw, die dem mit immer größer werdenden Augen zugehört hatte, warf ihr schickes Nähtier hin.

„Nun, auf mein Wort!" rief sie aus. „Ich bin nach Scarborough gereist, ohne es mir zu sagen. Dann werde ich gut dafür sorgen, dass er nie wieder hierher zurückkommt. Ein betrügerischer alter Trottel! – Ich glaube nicht, dass er es jemals auf etwas anderes als mein Geld abgesehen hat, denn ich habe es mit einem Trick versucht Ich habe ihm neulich Abend davon erzählt, und er ging mit einem Geigengesicht davon und sagte nie „Gute Nacht".

„Wir sind alle unvollkommen, Ma'am", bemerkte Matthew. „Nur bei einigen von uns ist das weniger der Fall."

Dann machte er sich angenehm und ging schließlich zufrieden nach Hause. Und etwa fünf Wochen später erhielt Thomas, dessen Urlaub auf Matthews Rat hin verlängert worden war, einen Brief von seinem Zwillingsbruder, der ihn stärker zum Nachdenken brachte, als er jemals in seinem Leben gedacht hatte.

„LIEBER BRUDER" (es lief): „Ich möchte Ihnen mitteilen, dass Sie jetzt sicher nach Hause zurückkehren können, da ich heute Morgen selbst mit Frau Walkinshaw verheiratet war. Ich habe beschlossen, mich von der Landwirtschaft zurückzuziehen, und sie wird sich von der Landwirtschaft zurückziehen Wir sind der Meinung, dass wir mit unserem gemeinsamen Vermögen privat in Harrogate leben und in einen modischeren Lebensbereich eintreten können, der unseren Gefühlen entspricht. Geschäftsdetails zwischen Ihnen und mir können bei Ihrer Rückkehr geklärt werden jetzt nicht mehr, von deinem liebevollen Bruder,

„MATTHEW POGMORE.

„PS: Sie haben falsch verstanden, was Mrs. Matthew Pogmore meinte, als sie davon sprach, dass ihr Vermögen in ihrer zweiten Ehe verfallen würde. Sie meinte natürlich, dass es auf ihren zweiten Ehemann übergehen würde.

„PS nochmal. – Was es natürlich getan hat."

Danach beschloss Herr Thomas Pogmore, nach Hause zu gehen und das Leben eines Einsiedlers unter seinen Schafen und Rindern zu führen.

KAPITEL XII

EIN MANN ODER EINE MAUS

PROLOG

Der klügste Mann, den ich je kannte, war gleichzeitig der weiseste und gutherzigste Mensch. Nicht dass der Besitz von Weisheit oder die Gnade der Freundlichkeit gegenüber seinen Mitgeschöpfen ihn in hohem Maße klug machten, sondern dass er mir etwas gab, als ich mich in der Gesellenphase der Gelehrsamkeit befand und sozusagen meine Füße spürte Seitdem weiß ich, dass dies der beste und wertvollste Rat ist, den ein Lebewesen einem anderen geben kann – nicht darüber nachgedacht, wohlgemerkt, aber gewusst. Es war Folgendes – in kurzen Worten ausgedrückt (und wohlgemerkt, dieser Mann war ein großer Mann und ein sehr erfolgreicher Geschäftsmann, da er aus dem Nichts eines der größten Unternehmen seiner eigenen Stadt gründete und reich starb Mann, der seinen Reichtum freundlich und weise zu einer Zeit genutzt hat, als die Dinge nicht so waren, wie sie jetzt sind) –

„Poskitt – das ist nichts weiter als ein junges Kind! Das geht in die Welt und wird dort viele Männer finden, die dir Ratschläge geben, wie sie es nennen. Jetzt habe ich alles gesehen Die Welt der menschlichen Natur, und *ich werde* dir einen besseren Rat geben, den niemand jemals finden wird – denn ich weiß, Hör mir zu!

„(i.) Ich vertraue niemandem, vertraue jedem – bis du es herausfindest. Wenn du es herausfindest (wenn du es tust), dann vertraue ihnen! Nein, der Mensch ist ein schlechter Mensch, also Solange du auf die rechte Seite kommst, bist du selbst schuld, wenn du es nicht tust.

„(ii.) Denken Sie nicht viel darüber nach, Brass zu machen. Es ist eine gute Sache, Brass zu machen, und eine gute Sache, es zu besitzen, aber Brass ist weder hier noch dort, es sei denn, Sie geben es Ihren Freunden . Bewahren Sie Ihr Messing auf, so viel Sie können. Behalten Sie es für den regnerischen Tag – man weiß nie, wann dieser regnerische Tag kommt –, aber schimpfen Sie nicht mit einem Sixpence, wenn Sie wissen, dass eine halbe Krone keinen Erfolg bringt Geh nicht mit deiner Liebsten auf den Markt und lass sie mit einer Penny-Schleife nach Hause kommen, wenn du in deinem Herzen weißt, dass du ihr vielleicht einen goldenen Ring verliehen hast.

„(iii.) Am Ende mit – vertraue jedem Mann, dem du begegnest – nicht wie ein Narr, sondern wie ein Klugscheißer. Liebe deine Nachbarn – aber pass gut darauf auf, dass sie dich lieben. Wenn du merkst, dass sie es nicht tun, Habt nichts mit ihnen zu tun – aber liebt sie trotzdem weiter. Wenn es Vergeltung gibt, trifft sie nicht auf euch, sondern auf sie der andere. Und um es zusammenzufassen: Jeder Mensch, der auf dieser Erde geboren wurde, ist er selbst.

ICH

In einem dieser alten lateinischen Bücher, die ich manchmal in den alten Buchhandlungen in den Marktstädten kaufe, die ich besuche, und aus denen ich ein oder zwei Wörter, einen oder zwei Sätze heraussuchen kann (vor allem, wenn sie mit Schuljungen verschachtelt sind). ' Versuche mit Krippen), gibt es eine Zeile, die ich jedenfalls problemlos in verständliches Englisch übersetzen kann – eine Zeile, die mich immer an die unverblümten Sprüche meines alten, weisen Freundes erinnert –

„ Jeder Mensch ist der Schöpfer seines eigenen Vermögens. "

Und deshalb erzähle ich Ihnen die Geschichte eines Mannes, der drei Dinge getan hat. Erstens: Hat sich selbst zum Millionär gemacht. Zweitens: Lebte in einem Traum, während er im Prozess war. Drittens: Kam aus dem Traum heraus – als alles zu spät war.

Jetzt beginnen wir mit ihm.

II

Samuel Edward Wilkinson war, als ich ihn zum ersten Mal kannte, ein kleiner Junge von zwölf Jahren, der in der Privatsphäre des Hintergartens eines kleinen Provinzgymnasiums Torten und Äpfel aß, die er nie mit seinen Schulkameraden teilte. Er war der letzte einer großen Familie – ich glaube, seine Mutter erlag der Belastung, ihn als zehnten oder elften Sohn zur Welt zu bringen – und er sah aus wie ein ausgehungerter Fuchs, bei dem man nicht ganz sicher ist, wo sich der nächste Hühnerstall befindet. Die Tracht der kleinen Jungen damals – Anfang der Vierziger – passte ihm nicht; Die Quaste seiner Schirmmütze hing zu sehr an seiner rechten Augenbraue, und das linke Bein seiner Nankeen-Hose war mindestens anderthalb Zoll höher als das entsprechende Bein.

„Poskitt", sagte er zu mir, das erste Mal, dass ich mich jemals auf ein wirklich privates Gespräch mit ihm einließ, „was werden Sie tun, wenn Sie Doktor Scott verlassen?"

„Geh nach Hause", sagte ich.

Er aß gerade eine seiner üblichen Marmeladentörtchen und blickte mich über den klebrigen Rand hinweg von der Seite an.

„Poskitt – was ist dein Vater?" er hat gefragt.

„Mein Vater ist Bauer – aber es ist unser eigenes Land", sagte ich.

Er aß seine Torte auf – nachdenklich. Dann holte er ein ganz sauberes Taschentuch hervor und wischte sich damit die Fingerspitzen ab. Nachdenklicher als zuvor schaute er sich um und betrachtete die kahlen Wände von Doktor Scotts Garten hinter dem Haus. Schon in diesem Alter war ich vernünftig genug, um zu erkennen, dass er sich mit weit entfernten Dingen beschäftigte.

„Mein Vater", sagte er nach offensichtlichem Nachdenken, „ist Metzger. Er verdient viel Geld, Poskitt. Aber wir sind elf. Ich bin der Elfte. Wenn ich die Schule verlasse –"

Dort blieb er stehen und holte zwei Äpfel aus seiner Hosentasche. Man könnte meinen, dass er mir eines geben wollte – stattdessen schaute er sie sich an, wählte aus, was er offensichtlich für das Beste hielt, biss hinein und steckte das andere wieder in die Tasche.

„Wenn ich die Schule verlasse", fuhr er fort, „habe ich vor, in die Wirtschaft einzusteigen. Was halten Sie nun von der Wirtschaft, Poskitt?"

Ich war so erstaunt, Junge wie ich war, dieses elende Männchen so reden zu hören, dass ich fast sagen würde, dass ich ihn nur mit offenem Mund anstarrte. Zwischen seinen Bissen in seinen Apfel setzte er seine Beweise seines klugen Charakters fort.

„Sehen Sie, Poskitt", sagte er, „ich habe viel nachgedacht, während ich hier bei Doktor Scott war. Ich halte nicht viel von Doktor Scott – er ist sehr nett, aber er erzählt nichts davon." „Wir wissen, wie man Geld verdient. Dein Vater hat doch viel Geld, nicht wahr?"

"Woher weißt du das?" Sagte ich ziemlich wütend.

„Weil", sagte er ganz ruhig, „ich sehe, wie er dir Geld gibt, wenn er zu dir kommt. Niemand verschenkt Geld, der es nicht hat. Und du siehst, Poskitt, obwohl mein Vater viel Geld verdient, Außerdem gibt er mir nicht viel – Sixpence pro Woche."

„Wie bekommst du dann deine Törtchen und deine Äpfel?" Ich fragte.

Er warf mir noch einen dieser seltsamen Blicke zu

„Meine Mutter und meine Schwestern schicken mir einen Korb", antwortete er. „Natürlich, Poskitt, wir müssen alles aus dieser Welt herausholen, nicht wahr? Und ich möchte weitermachen und Geld verdienen. Was ist Ihrer Meinung nach der beste Weg, Geld zu verdienen, Poskitt?"

Ich war damals so jung und verantwortungslos, so voller Wissen darüber, dass ich das alte Gehöft und die alten Leute und alles hinter mir hatte, dass ich kaum verstand, wovon dieser Junge sprach. Ich wage zu behaupten, dass ich ihm mürrisch zunickte, und er fuhr fort – sehr wahrscheinlich, soweit ich mich erinnern kann, als er den anderen Apfel aß.

„Siehst du, Poskitt", sagte er, „eines ist sicher. Ein Mann muss entweder ein Mann oder eine Maus sein. Ich werde keine Maus sein."

Ich beobachtete sein Gesicht – ich war damals ein großer, rotgesichtiger Bursche mit Gliedmaßen, die einem Nachkommen von Mars und Venus alle Ehre gemacht hätten, und er sah mit weißen Wangen von der Art aus, die irgendwann in einem Laden landen würde darüber eine schwarze Krawatte und darunter einen Six-Penny-Kragen – und ein seltsamer Abscheu überkam mich, obwohl ich Bauer und Landmann war. Und ich ließ ihn weitermachen.

„Ich werde keine Maus sein, Poskitt!" sagte er mit einer gewissen Entschlossenheit. „Ich werde ein Mann sein! Ich werde Geld verdienen. Was ist Ihrer Meinung nach der beste Weg, Geld zu verdienen, Poskitt?"

Ich glaube nicht, dass ich damals eine Antwort gegeben habe.

„Ich habe alles durchdacht, Poskitt", fuhr er fort. „Sehen Sie, es gibt alle möglichen Berufe und Gewerbe. Nun, wenn Sie einen Beruf ergreifen, müssen Sie eine Menge Geld ausgeben, bevor Sie etwas verdienen können. Und in manchen Berufen muss man sich einen guten Überblick verschaffen." Aber es gibt Geschäfte, Poskitt, bei denen man sein Geld sehr schnell zurückbekommt – mit Gewinn. Weißt du, Poskitt, die einzigen Geschäfte sind davon abhängig, was die Leute *wollen* ? Ich kann nicht ohne Essen, Kleidung oder Stiefel leben, nicht wahr? Und warum ich mit dir gesprochen habe, ist, dass du der klügste Junge in der Schule bist – in welchem Beruf Würden Sie mir den Einstieg empfehlen?"

„Geh und sei Metzger!" Ich antwortete. „Wie dein Vater."

Er schüttelte milde und abwertend den Kopf.

„Ich mag den Geruch von Fleisch nicht", sagte er. „Nein – ich werde eine andere Linie einschlagen."

Dann, als der Geruch des Abendessens aus dem Esszimmer drang, fügte er die weitere Bemerkung hinzu, dass wir, da unsere Eltern Doktor Scott regelmäßig einmal im Quartal bezahlten, auf unsere Kosten kommen sollten, und so ging er weg, um seinen täglichen Anteil davon zu erhalten .

III

Samuel Edward Wilkinson verließ ordnungsgemäß die Schule und wurde aus freien Stücken Lehrling bei einem äußerst angesehenen Lebensmittelhändler, der seine Seriosität dadurch steigerte, dass er sich als Teehändler und italienischer Lagerist ausgab. Die Besucher des Ladens (der sich in einer

Hauptstraße einer wichtigen Hafenstadt befand) waren ausnahmslos beeindruckt vom Puderblau des Schildes und vom Rotgold der Buchstaben, die sich so deutlich vom Puder abhoben -Blau. Es hatte ein eigenes Gütesiegel und der Besitzer hatte zwei Töchter. Aber Samuel Edward war damals kaum älter als vierzehn Jahre, und da seine Eltern und der Besitzer ausgesprochen abweichender Natur waren, verbrachte er seine Zeit viel mehr damit, Zuckerbonbons aus frisch geöffneten Schachteln zu stehlen und an Gebetstreffen teilzunehmen in der nächstgelegenen Kapelle, als dem guten Beispiel der Londoner Lehrlinge der anderen Jahrhunderte zu folgen. Tatsächlich war Samuel Edward Wilkinson, als er neunzehn Jahre alt war, nicht nur ein Geldgier, sondern das Schlimmste von allem: ein Händler, der Gott, den Allmächtigen, und die Bibel als nützliche Gewichte ansah, die er auf eine illegale Waage legte . Und je mehr Erfahrung Samuel Edward im Wissen über seine Mitmenschen sammelte, desto weniger glaubte er an seine Mitmenschen – mit der natürlichen Folge, dass bestimmte Frauen, die nicht zu seinen Mitmenschen gehörten, darunter litten.

Als er heranwuchs, musste Samuel Edward natürlich woanders leben. Sein Meister hatte in seinem Haus keinen Platz für Lehrlinge, die sich der Reife näherten. Aber wie alle Meister des frühen viktorianischen Zeitalters wusste er, wo man in einer streng christlichen Familie unterkommen konnte, und Samuel Edward fand sich *in einer Familie* mit einer Schneiderin mittleren Alters und einem hübschen Kind wieder, dessen süße Sechzehnjährige viel ansprechender waren als der reifere Charme der Töchter seines Herrn. Samuel Edward war nicht ohne gutes Aussehen, und das Kind verliebte sich in ihn und blieb es auch länger, als sie erwartet hatte. Aber Samuel Edward war in der Liebe ebenso beharrlich wie geschäftlich, und die Idee einer Ehe lag nicht in seinem unmittelbaren Zuständigkeitsbereich.

„In welchem Alter sollte ein Mann Ihrer Meinung nach heiraten, Poskitt?“ sagte er zu mir während eines seiner regelmäßigen Besuche im alten Dorf, er war damals etwa zweiundzwanzig Jahre alt.

„Wenn er Lust hat und es ernst meint“, sagte ich.

„Natürlich, Poskitt, sollte ein Mann niemals heiraten, es sei denn, er heiratet Geld“, fuhr er fort. „Was sollte die junge Frau Ihrer Meinung nach für einen jungen Mann in meiner Position mitbringen können?“

Selbst in diesem Alter besaß ich noch genügend gesunden Menschenverstand, um auf diese Frage keine Antwort zu geben. Ich ließ ihn weitermachen, schweigend unter seinem erhabenen Egoismus.

„Findest du nicht, Poskitt, dass es nur richtig ist, dass ein Mann, wenn er eine Frau heiratet, von ihr eine gewisse Entschädigung erwarten sollte?“ er sagte. „Es ist eine sehr ernste Sache, die Ehe, weißt du, Poskitt. Jeder mit meinem

Ehrgeiz – der darin besteht, ein Mann und keine Maus zu sein, oder mit anderen Worten, zwanzig Schilling pro Pfund zu bezahlen und mich da rauszuhalten Das Arbeitshaus – muss sich auf ein gutes Geschäft freuen. Ich kenne tatsächlich eine junge Dame, in der ich wohne –, die sehr nett zu mir ist, aber ich glaube nicht, dass ihre Mutter ihr mehr als ein paar davon geben könnte Hundert, und das ist natürlich so gut wie nichts. Ich möchte ein eigenes Unternehmen haben, und ohne Kapital ist es sehr schwer, Geld zu verdienen, Poskitt. Ich denke wirklich – ich werde den Gedanken ans Heiraten aufschieben.“

„Das ist das Allerklügste, was du tun kannst“, sagte ich. „Aber das solltest du besser der jungen Dame sagen.“

„Nun ja, Poskitt“, antwortete er und streichelte sein Kinn, „Tatsache ist – es sind zwei junge Damen. Die andere ist – meine Cousine Keziah. Jetzt weiß ich natürlich, dass Keziah Geld haben wird, wenn ihr Vater.“ stirbt, aber dann weiß ich nicht, wann er sterben wird und wie viel Keziah haben wird, ich sollte mich entscheiden – so wie es ist, denke ich, dass ich warten muss . Schließlich macht es doch keinen so großen Unterschied – eine Frau ist in der Ehe ungefähr so gut wie die andere, nicht wahr?

„Warum gehst du dann nicht auf die Suche nach einer reichen Erbin?“ Ich fragte.

"Ah!" er antwortete. „Ich wünschte nur, ich könnte es, Poskitt! Aber du musst bedenken, dass ich keine Vorteile habe. Mein Vater ist nur Metzger, und Handel ist schließlich Handel. Du hast große Vorteile mir gegenüber – dein Volk besitzt sein Land – du“ Aber ich werde ein Mann werden, Poskitt. Es gibt nur eine Sache auf der Welt, die etwas wert ist, und das ist Geld.

IV

Ich habe Samuel Edward Wilkinson viele Jahre lang nie wieder gesehen – tatsächlich nicht, bis er ins Dorf zurückkam, um seine Cousine Keziah zu heiraten. Dann wurde öffentlich bekannt gegeben, dass Samuel und Keziah seit ihrer frühen Jugend verlobt waren – aber jeder, der etwas wusste, war sich der Wahrheit bewusst, dass die Hochzeit nun beschleunigt wurde, weil Keziahs Vater tot war und ihr tausend Pfund hinterlassen hatte. In diesen Jahren hatte Samuel Edward seinen Weg zur Verwirklichung seiner Vorstellung von Männlichkeit stetig weiterverfolgt. Er hatte mehrere Jahre in London verbracht und nie eine Kopfbedeckung außer einem Seidenhut getragen.

„Ja, Poskitt“, sagte er, „es hat lange gedauert, aber ich habe endlich genug Geld gespart – natürlich mit Keziahs kleinem Vermögen –, um mein erstes Meistergeschäft zu kaufen. Es ist eine sehr ernste Sache, ist ein Geschäft, wissen Sie, Poskitt, und das gilt auch für die Ehe. Aber Keziah ist ein fähiges Mädchen, wissen Sie, Poskitt – sehr fähig.

Da Keziah damals schon ziemlich vierzig Jahre alt war, bestand kein Zweifel an ihren Fähigkeiten, aber es kam mir so vor, als hätte Samuel Edward sich schon lange überlegt, was er tun musste.

„Und wo ist die junge Dame von damals?" Ich fragte ihn.

Er streichelte seinen Schnurrbart und schüttelte den Kopf.

„Nun, wissen Sie, Poskitt", antwortete er, „es ist sehr bedauerlich, dass sie natürlich genau in der Stadt wohnt, in der ich mein Unternehmen gekauft habe."

"Ist sie verheiratet?" Ich fragte.

„Nein", antwortete er, „nein – sie ist nicht verheiratet, Poskitt. Natürlich konnte ich nicht daran denken, sie zu heiraten, als Keziah tausend Pfund in die Hände bekommen konnte. Schließlich muss sich jeder um Nummer Eins kümmern." Es ist gerade eine sehr ängstliche Zeit für mich, Poskitt, ich versichere Ihnen, dass ich beim Heiraten und der Gründung eines Unternehmens eine große Verantwortung empfinde, wenn Sie jemals so sind wie wir Ich komme zu den Viehmärkten, rufe an und ich zeige dir die Verbesserungen, die ich gemacht habe. Es ist eine sehr gute Position, Poskitt, aber heutzutage ist es für einen Mann schwierig, seinen eigenen zu bekommen.

V

Samuel Edwards Name erschien ordnungsgemäß in leuchtendem Gold auf dem Puderblau des alten Schildes, und er und Keziah ließen sich in Gesellschaft einer Magd und eines schwarzbraunen Terriers in einer Vorstadtstraße nieder. Ihr Leben verlief diskret und geordnet, und sie gingen mindestens einmal an jedem Sabbath zu der jeweiligen Dissidentengemeinschaft, die sie beeinflussten. Jeden Morgen um acht Uhr machte sich Samuel Edward an die Arbeit; Um sieben Uhr abends kehrte er nach Hause zurück, um Keziah sein Leid auszudrücken. Einer seiner Lehrlinge hatte dies getan; ein Assistent hatte das getan; Ein Kunde war geflohen und hatte eine Rechnung unbezahlt zurückgelassen. Keziah, die genauso am Geldverdienen interessiert war wie ihr Mann, war in diesen Angelegenheiten ausnahmslos mitfühlend, von denen sie abgesehen davon, dass sie tausend Pfund im Geschäft hatte, so ziemlich das Einzige war, was sie verstand. Sie und Samuel Edward waren beide fest entschlossen, Geld zu verdienen.

Und plötzlich zog ein Gewitter über ihren Himmel. Die kleine Schneiderin, die seit vielen Jahren offiziell mit Samuel Edward verlobt war, sah sich im

Stich gelassen, erwachte plötzlich zu der Erkenntnis, dass sie einen Geist hatte, und veranlasste, dass der Treulosen ein Schreiben wegen Versprechensbruchs zugestellt wurde. Und Samuel Edwards Anwälte gingen der Angelegenheit nach und sagten ihm, dass er keine Verteidigung habe und dafür zahlen müsse.

Samuel Edward legte sich in sein Bett und ließ sich nicht trösten. Keziah weinte, flehte, überredete, drohte – nichts nützte. Nach Samuel Edwards Meinung war alles vorbei. Die andere Seite wollte den genauen Betrag, den Keziahs Mitgift ausmachte: eintausend Pfund. Samuel Edward starrte auf die mit Schablonen bemalte Tapete und kam zu dem Schluss, dass das Leben eine echte Enttäuschung war. Er würde sterben.

Dann nahm Keziah die Sache in die Hand. Mit der Hilfe eines klugen Mannes zahlte sie die tausend Pfund – woraufhin die kleine Schneiderin, die noch weit unter vierzig war, prompt eine andere heiratete. Und dann riss Keziah Samuel Edward buchstäblich aus dem Bett, erweckte ihn zum Leben und gab ihm zu verstehen, dass er von diesem Tag an härter, früher und später arbeiten musste als jemals zuvor. Und Samuel Edward fiel – unter einer unaufhörlichen und nie wechselnden Aufsicht.

VI

„Ich bin ein warmherziger Mann, weißt du, Poskitt“, sagte er viele Jahre später zu mir. „Ein herzlicher Mann, Sir! Niemand außer mir, Poskitt, weiß, wie viel ich habe. Nein, Sir! Ich habe alles geschafft, wissen Sie. Schauen Sie sich mein Unternehmen an, Poskitt! – eines der größten und besten Unternehmen im Land. Zwanzig verschiedene Betriebe. Bringen Sie meinen eigenen Tee aus Ceylon und China in meine eigenen Schiffe mit. Alles das Ergebnis von Energie, Poskitt – kein Stillsitzen bei mir, wie Sie es tun – nein, Sir!“

Lassen Sie uns nun analysieren, was dieser Mann wirklich war. Weil Keziah ihm nach seinem ersten großen Schlag ins Gesicht buchstäblich beibrachte, sich zusammenzureißen, begann er, Geld anzuhäufen, und vertiefte sehr bald seine jungenhaften Instinkte so sehr, dass Geld zu seinem Fetisch wurde. Geld – Geld – Geld – nichts als Geld! Er schätzte den Wert eines Menschen anhand der Höhe seines Geldbeutels; Er glaubte mit dem Northern Farmer fest daran, dass die Armen in einem Klumpen schlecht sind. Und schließlich war er in der Tat ein sehr reicher Mann – und stellte dann fest, wie alle diese Männer es tun, dass er keine Macht hatte, seinen Reichtum zu genießen. Er konnte reisen – und nichts sehen, denn er verstand nicht, was er sah. Er konnte alles kaufen, was er wollte – und hatte keinen Geschmack dafür. Der kleine Schneider hatte Kinder – er hatte keine. Und als sein Reichtum zunahm, wurde sein Temperament immer schlechter. Er hatte nie etwas anderes als seine Fachzeitschrift und seine Zeitung gelesen und musste daher nur an sein Geld denken.

Und so komme ich auf das zurück, was mein alter Freund in seiner bluffigen Yorkshire-Manier gesagt hat:

„Denk nicht viel darüber nach, Brass zu machen! Es ist eine gute Sache, Brass zu machen, und eine gute Sache, darüber zu verfügen, aber Brass ist weder hier noch dort, es sei denn, du gibst es deinen Freunden.“

Und ob Samuel Edward Wilkinson am Ende seiner Tage davon ausging, dass er einen Mann aus sich gemacht hatte, oder ob er doch die leise Ahnung hatte, dass er kaum mehr als eine Maus war, kann ich nicht sagen. Aber seine großartige Idee (dass er so viele Menschen um das Zehnfache aufkaufen könnte, ohne dass es ihm schlechter ginge) hatte insofern etwas Pathos, als selbst in seinem stumpfen Gehirn zeitweise die Überzeugung aufkam, dass er es sein würde, wenn das Ende kam so arm wie jede Maus, die jemals in ihr Loch kroch.

KAPITEL XIII

EIN ANGEBOT IN UNGEWÖHNLICHEN VOLUMEN

Es war Backtag auf der Low Meadow Farm, und da die Küche ungewöhnlich heiß war, da es auch ein glühender Nachmittag im Juli war, saß Mrs. Maidment in den Pausen, in denen sie an den Ofen ging, in einem robusten Ellenbogenstuhl an der Küchentür und fächelte sich mit ihrer Schürze Luft zu. Sie war eine gut gebaute Dame von mindestens fünfzig Jahren, und ihre Hitze war ihr anzumerken, wie sie seit dem Frühstück mehrmals bemerkt hatte. Ihr ruhiges, mondähnliches Gesicht, immer rosig, war jetzt so feurig wie die Sonne eines Winternachmittags, und wenn sie sich nicht Luft zufächelte, wischte sie sich die Stirn mit einem Taschentuch ihres verstorbenen Mannes, das sie aus einer Schublade in der Zeitung genommen hatte als größer als ihr eigenes und daher für diesen Zweck besser geeignet.

Während sie an der Tür saß, warf Mrs. Maidment einen Blick auf die Aussicht, die vor ihr lag – auf den Garten, den Obstgarten, die Felder dahinter, wo die Ernte bereits weiß wurde, um geerntet zu werden. Ihre Gedanken waren praktischer Natur.

„Ich bin sicher, wenn Maidment von oben herabschauen kann", murmelte sie, „wird er sagen, dass alles in sehr guter Ordnung ist. Er konnte nichts ertragen, was nicht in der richtigen Ordnung war, Maidment konnte das nicht. Und wenn wir nur eine gute Ernte erzielen——"

In diesem Moment wurden die Gedanken der Witwe durch das plötzliche Klicken des Seitentors unterbrochen. Sie drehte sich um und sah einen fremden Mann, der eine Equipage in den Hof führte. Die Equipage bestand aus einem sehr kleinen Pony, das aussah, als ob eine großzügige Maisfütterung gut tun würde, und aus einem eigentümlich konstruierten Karren mit sehr flachem Körper und oben durch zwei Falttüren verschlossen – er hatte keine Ähnlichkeit damit eigentlich so etwas wie ein flach aufgestellter und mit Rollen versehener Schrank. Was die Person betrifft, die diesen seltsamen Zug anführte und die Mrs. Maidment sehr scharf anstarrte, so war es ein etwas schäbig aussehender Herr in einem zu großen Gehrock und zu kurzen Hosen; In seinem rechten Auge war ein leichter Schatten zu sehen, aber die scheinbare Freundlichkeit seines Lächelns war unverkennbar. Er verneigte sich tief, als er das Pony zu Mrs. Maidment zog, nahm einen Strohhut ab und enthüllte eine hohe Stirn und einen kahlen Kopf. Mrs. Maidment starrte noch fester.

„Guten Tag, Ma'am", sagte der Fremde und verbeugte sich erneut. „Gestatten Sie mir, mich als reisende Buchhändlerin vorzustellen, Ma'am – das ist ein neuer Ansatz im Buchhandel, und ich hoffe, darin erfolgreich zu sein. Gestatten Sie mir, Ihnen meinen Bestand zu zeigen, Ma'am – das Neueste." Bände des Tages der berühmtesten Autoren.

Mit einer schwungvollen Bewegung schlug er die Falttüren seines Karrens zurück und trat zur Seite. Die Julisonne ließ ihre heftigen Strahlen auf Reihe um Reihe auffällig gebundener, kräftig gefärbter Bände in Grün und Scharlach und viel feinem Gold blitzen.

„Das Allerneueste, das versichere ich Ihnen, Ma'am", sagte ihr Verkäufer.

Mrs. Maidment fächelte sich Luft zu und blickte auf die Herrlichkeit vor ihr.

„Nun, ich weiß es nicht, Meister", sagte sie. „Ich selbst bin nicht der Typ, der gerne liest, außer der Zeitung und einem Kapitel in der Sonntagsbibel. Aber meine Tochter liebt ihr Buch – sie könnte Lust dazu haben. Hier, Mary Ellen! – hier ist ein Mann an der Tür, der Bücher verkauft." ."

Miss Mary Ellen Maidment, ein hübsches Mädchen von neunzehn Jahren mit leuchtenden Augen und pfirsichfarbenen Wangen, kam erwartungsvoll aus der Küche. Der umherziehende Buchhändler begrüßte sie mit weiteren Verbeugungen und einem Lächeln.

"Oh mein!" rief Mary Ellen und hob ihre Hände. „Was für viele schöne Bücher!"

„Ihre Mutter sagte, dass Ihnen Ihr Buch gefiel, Fräulein", sagte der Besitzer dieser intellektuellen Schatzgrube. „Ja, Fräulein, das ist eine besonders feine Linie. Was ist nun Ihr Geschmack, Fräulein? Poesie?"

„Ein gutes Stück gefällt mir", antwortete Mary Ellen.

Der Wanderer wählte zwei prächtig gebundene Bände aus, balancierte sie geschickt auf der Handfläche und deutete mit dem ausgestreckten Zeigefinger der anderen Hand auf ihre Pracht.

„„Das komplette poetische Werk von Mrs. H*ee*mans'", sagte er. „Eine sehr süße Sache, Miss – einer der besten Artikel in der Poesiereihe." Er zeigte auf den anderen. „Die Werke der verstorbenen Eliza Cook.' Eine sehr hervorragende Produktion, Miss. Es war diese talentierte Dame, die „The Old Arm-Chair" geschrieben hat, von der Sie zweifellos gehört haben."

„Ich habe es einmal in der Schule gelernt", sagte Mary Ellen. „Hast du irgendwelche Geschichten?"

„Geschichten, Fräulein – ja, Fräulein", antwortete der Verkäufer, stellte Mrs. Hemans und Miss Cook beiseite und wählte ein paar weitere Bände aus. „Hier ist eine wunderschöne Geschichte der talentierten Emma Jane Worboise, der berühmtesten Autorin ihrer Zeit."

„Ist da Liebe darin?" fragte Mary Ellen.

„Meine Tochter", unterbrach Mrs. Maidment, „mag Bücher über Liebesthemen und Herren und Damen darin – sie liest mir abends Stücke davon vor."

„Das, Ma'am, ist die einzige Sorte, die ich trage", sagte der Buchbesitzer. „Jetzt, Miss, lassen Sie mich Ihnen einfach zeigen –"

Am Ende kaufte Mary Ellen eine Geschichte, die von viel Liebe und vielen Herren und Damen handelte, und eine andere, die der Verkäufer als ein frommes Werk mit starkem Liebesinteresse beschrieb und das sie wärmstens für die Sonntagslektüre empfahl. Sie kaufte auch Mrs. Hemans, weil sie beim Umblättern mehrere Zeilen sah, die sie hübsch fand. Und während sie nach oben ging, um ihre Handtasche zu holen, bat Mrs. Maidment den Fremden drinnen, einen Krug Bier zu trinken. Man kann sich seinen scharfen Blick in der alten Bauernküche vorstellen, mit ihren schönen alten Eichenmöbeln, ihrem glänzenden Messing und Zinn, ihrem alten Delfingeschirr ...

„Sie haben nicht zufällig irgendwelche alten Bücher, die Sie aus dem Weg räumen möchten, oder, Ma'am?" sagte er, als er bezahlt worden war und sein Bier trank. „Ich kaufe so etwas – viele Leute sind froh, sie loszuwerden. Ich habe jetzt einen Sack voll davon unter dem Wagen dort. Natürlich sind sie nichts wert als der Altpapierpreis. Das habe ich." um sie zu verkaufen, Ma'am.

„In der Truhe da sind ein paar alte Bücher", sagte Mrs. Maidment und zeigte auf eine alte Truhe auf der tiefen Fensterbank. „Ich habe sicher schon oft gesagt, wir würden sie verbrennen, denn sie sind so alt und so seltsam gedruckt, dass niemand sie lesen kann. Lass ihn sie sich ansehen, Mary Ellen."

Welche Schätze waren es, auf die die wissenden Augen des wandernden Kaufmanns blickten? Den Augenzeugen zufolge betrachtete er sie einige Zeit lang, bevor er sprach, und prüfte jedes Buch mit großer Sorgfalt.

„Ja, nun ja, Ma'am", sagte er schließlich. „Natürlich, wie Sie sagen, konnte sie heutzutage niemand mehr lesen. Ich sage Ihnen was – ich gebe Miss hier drei neue Bücher aus dem Einkaufswagen für sie, und Sie können sich selbst aussuchen, Miss! "

rief Mary Ellen freudig – und die alten Bücher wanderten in einen Sack.

Erst im nächsten Jahr bezog ein Summer Boarder aus London vorübergehend ein Quartier auf der Low Meadow Farm. Dem Bericht zufolge, den Mrs. Maidment über ihn erzählte, war er ein sehr ruhiger Herr, der, wenn er nicht gerade über die Felder und an den Bächen streifte, im Garten las, und wenn er nicht gerade las, las er Der Garten schrieb im

Wohnzimmer. Und die Bücher, die er mitgebracht habe, seien mehr gewesen, als der Pfarrer habe, sagte sie.

Eines Tages entdeckte der Sommerpensionär, als er in einem Schrank in seinem Schlafzimmer kramte, auf dem obersten Regal ein altes, staubbedecktes Buch, nahm es herunter, klopfte den Staub ab und öffnete es. Und dann sank er keuchend auf einen Stuhl. Dort, in seiner Hand, lag eine perfekte Kopie eines Buches aus dem 15. Jahrhundert, so selten, dass es weder im British Museum noch in der Bodleian Library eine Kopie davon gibt – nein, auch nicht im Vatikan!

Er starrte es lange an und ging dann, wie manche Männer einen seltenen Diamanten tragen würden, in die Küche hinunter, wo Mrs. Maidment Pflaumenkuchen backte.

„Das ist ein seltsames altes Buch, das ich in meinem Schrank gefunden habe, Mrs. Maidment“, sagte er. „Darf ich es mir ansehen?“

„Ja, und herzlich willkommen, Sir!“ sagte Frau Maidment. „Und behalten Sie es auch, Sir, wenn Sie damit einverstanden sind. Äh, wir hatten eine Menge solcher alten Sachen in der Kiste dort am Fenster, aber letztes Jahr –“ Und dann der Summer Boarder hörte die Geschichte des reisenden Buchhändlers.

„Und ich bin sicher, Sir, es war sehr nett von dem Mann“, schloss Mrs. Maidment, „und das habe ich immer gesagt, Mary Ellen drei neue Bücher zu schenken, die so schön gebunden sind, und das für nichts als viel.“ aus altem Müll, den niemand lesen konnte!“

Dann ging der Sommerpensionär in den Garten und stand vor einem großen moralischen Problem.

KAPITEL XIV

DER OBERE MAGISTRAT

ICH

Ich nehme an, es gab noch nie einen Mann auf der Welt, der so stolz war wie Abraham Kellet am Morgen des Tages, an dem er zum Bürgermeister von Sicaster ernannt wurde. Dieser besondere 9. November war, wie ich mich sehr gut erinnere, mehr als sonst düster und neblig – überall im Tiefland und an den Berghängen lagen dichte Nebelschwaden, als ich in die Stadt fuhr, um an der Veranstaltung teilzunehmen Tag (denn ich war ein alter Schulkamerad Abrahams, und er hatte mich gnädigerweise eingeladen, seiner Wahl beizuwohnen), aber ich garantiere, dass seinem zukünftigen Anbeter kein Julitag jemals so herrlich vorkam, noch nie eine Maifeiertagssonne so willkommen wie das Novembergrau. Alle Menschen haben ihre Ambitionen – Abrahams einziges Ziel seit seiner Kindheit war es, die Bürgermeisterkette und die Bürgermeisterrobe zu tragen, auf dem Bürgermeistersitz zu sitzen, der Oberrichter seiner Wahlstadt zu sein, sich selbst als deren wichtigster Bürger zu kennen und das Ziel aller zu erreichen Er reckte seine Mütze vor sich her, um sich von allen mit „Herr Bürgermeister" anreden zu lassen. Es war ein würdiger Wunsch, und er hatte hart dafür gearbeitet – jetzt, da er endlich kurz davor war, ihn zu erfüllen, wurde sein Stolz für alle deutlich. Es war kein überheblicher Stolz, auch nicht der Stolz, der aufgeblasen wird, sondern der Stolz eines Mannes, der weiß, dass es ihm gelungen ist. Er war ein Mann mit großem Körper und breitem Gesicht, Abraham Kellet, der einen festen Fuß hatte und eine beleibte Erscheinung zeigte, und nachdem feststand, dass er der nächste Bürgermeister von Sicaster werden sollte, war sein Auftreten fester als je zuvor Während er durch die kopfsteingepflasterten Straßen der kleinen Stadt schritt, wirkte seine Front immer beleibter. Ich kann ihn jetzt vor mir sehen – eine große, schöne Gestalt von einem Mann von kaum mehr als fünfzig Jahren, der mit seiner Körpergröße von 1,80 m ausnahmslos in bestes Wolltuch gekleidet ist; sein Leinen war ebenso makellos weiß und glänzend wie er selbst, sorgfältig rasiert; seine Stiefel glänzten so wie der teure Diamantring, den er am kleinen Finger seiner linken Hand trug. Abraham Kellet war entschieden ein Mann, der einen Bürgermeisterstuhl mit Würde und Fülle besetzen konnte.

Als ich an diesem ereignisreichen Morgen nach Sicaster fuhr, dachte ich an die Geschichte des Lebens des neuen Bürgermeisters. Wie ich war Abraham der Sohn eines Bauern, aber während mein Vater ein Mann mit beträchtlichem Vermögen war, war er ein armer Mann, der früh und spät hart arbeiten musste, um seinen Lebensunterhalt mit einer Farm zu bestreiten, auf der das Land lag arm. Ich hatte immer die Vorstellung, dass es mein Vater war, der Abrahams Schulausbildung an der Sicaster Grammar School bezahlte, obwohl das nur eine Idee ist, denn er war der letzte Mann auf der Welt, der seine linke Hand wissen ließ, was seine rechte tat. Wie dem auch sei, Benjamin Kellet war ein armer Mann und hatte eine wachsende Familie zu ernähren, wobei Abraham der Älteste war, und keines seiner anderen Kinder erhielt mehr Bildung als die Dorfschule, die er sich für die übliche Gebühr von zwei Pence pro Jahr leisten konnte. Woche. Der Grund, warum Abraham von der Dorfschule zur Sicaster Grammar School wechselte, lag darin, dass er als vielversprechender Jugendlicher galt, dessen Ausbildung verbessert werden sollte. Tatsächlich sagte der Dorfschulmeister, als Abraham zwölf Jahre alt war, dass er ihm nichts mehr beibringen könne – keine große Sache in jenen Tagen, als nichts außer Lesen, Schreiben und Rechnen gelehrt wurde, mit vielleicht ein paar Brocken Englisch Geschichte und ein wenig Grammatik und Geographie – und dass es keinen Sinn hatte, noch länger in dem rotgekachelten Schulhaus zu bleiben, das im Schatten der Kirche lag. Möglicherweise haben der Pfarrer und mein Vater (der vor seinem Tod lange Jahre Pfarrer war) ihre Meinung über Abraham geäußert. Wie dem auch sei, Abraham wurde auf das Sicaster-Gymnasium geschickt, mit der Vereinbarung, dass er dort zwei Jahre bleiben sollte, wenn es Zeit für eine Ausbildung in einem Beruf wäre. Er erschien dort am selben Tag wie ich – dort lernte ich ihn besser kennen. Ich kannte ihn natürlich die ganze Zeit, aber nicht besonders vertraut, weil meine Mutter darauf bestanden hatte, eine Gouvernante für meine beiden Schwestern zu haben – beide waren inzwischen vor vielen, vielen Jahren tot! – und ich deshalb nie die Dorfschule besucht hatte Ich hatte auch nicht viel mit den Dorfjungen zu tun. Aber als ich neun Jahre alt war, sagte mein Vater, ich hätte genug von den Schürzenschnüren und ich müsse auf die Sicaster Grammar School, sobald die nächste Hälfte begann.

„Zum Sicaster-Gymnasium!" sagte meine Mutter und sprach, als hätte mein Vater gesagt, ich solle zu den Kannibaleninseln gehen. „Na, Sicaster ist sechs Meilen entfernt! Das Kind kann nicht zwölf Meilen am Tag laufen und dabei seine Lektionen lernen."

„Wer will das?" fragte mein Vater. „Er kann das kleine Pony und den kleinen Phaeton haben und selbst ein- und ausfahren. Ich kaufe noch eins für dich und die Mädchen. Und da ist noch der älteste Junge von Keller – er geht auch mit und kann mit ihm fahren."

„Und sein Abendessen?" sagte meine Mutter.

„Gib es ihm jeden Tag in einem Korb", antwortete mein Vater. „Und – geben Sie genug für zwei hinein. Er kann es mit dem jungen Kellet teilen."

So kam ich dazu, mit Abraham Kellet zur Schule zu gehen. Ich machte mich jeden Morgen um Viertel vor acht mit dem kleinen Pony-Phaeton auf den

Weg und holte Abraham am Ende des Weges ab, der zur Farm seines Vaters führte. Zuerst brachte er sein Abendessen immer mit, aber bald wurde klar, dass sein Abendessen in meinem Korb lag – wir machten keinen Hehl daraus und hatten auf keiner Seite falsche Vorstellungen davon. Wir joggten mit großer Zufriedenheit nach Sicaster, stellten das Pony und die Falle beim King George ab und gingen zur Schule. Im Winter aßen wir unsere Fleischpasteten und Obstpasteten und tranken unsere Milch in einem der Klassenzimmer; Im Sommer breiten wir unsere Tücher unter den Bäumen auf einer bestimmten Anhöhe auf dem Spielplatz aus. Und am Nachmittag, als die Schule zu Ende war, joggten wir genauso mühelos nach Hause, wie wir gekommen waren.

Ich habe keine große Erinnerung an das, was ich in der Schule gemacht habe, außer dass ich die übliche Abneigung gesunder Jungen gegen bloßes Bücherlernen hatte und mich immer aufrichtig freute, wenn es halb vier schlug. Pferde und Hunde und die freie Natur, Cricket und Angeln und die Jagd auf die Fuchshunde, wenn sie auf uns zukamen, reizten mich viel mehr als alles andere. Ich glaube, Abraham hat die meisten meiner Heimübungen gemacht, als wir zur Schule und zurück fuhren. Er selbst lernte alles, was er konnte – in gewissen Grenzen. Er hatte weder Latein noch Griechisch, aber er schuftete wie ein Nigger in Französisch und schmiedete während der Spielstunden immer Pläne, in die Gesellschaft des Französischlehrers zu kommen. Er kümmerte sich wenig um Geschichte, aber viel um Geographie – Französisch, Rechnen und vor allem Buchhaltung waren Abrahams große Leidenschaften. Seine Handschrift trieb dem Schreibmeister Tränen der Freude und des Stolzes in die Augen; seine Zahlen könnten gedruckt worden sein; Seine Buchhaltungsexemplare hätten einem Wirtschaftsprüfer Ehre gemacht.

Der Grund für Abrahams Hingabe an diese besonderen Themen war folgender: Er hatte sich vorgenommen, Tuchmacher zu werden. Kein kleiner, kleinlicher Tuchmacher, der mit billigen Waren handelt, sondern ein Tuchmacher der großen Sorte, der sich Silk Mercer nennen würde. Mitten auf dem Marktplatz von Sicaster stand ein solches Etablissement – es war der tägliche Anblick, der Abrahams Träume inspirierte. Es war ein solides, höchst respektables Lokal – obwohl man es heute für altmodisch halten würde, galt es damals als etwas sehr Großes, und in seinen Fenstern waren die neuesten Modetrends aus London und Paris ausgestellt. Über den Fenstern unter dem königlichen Wappen befand sich ein sehr schlichtes Schild in Schwarz und Gold mit einer ebenso schlichten Inschrift: „Paulsford und Tatham, Seidenhändler und Tuchmacher für Ihre Majestät die Königin".

„Dort möchte ich in die Lehre gehen, Poskitt", sagte Abraham, als wir uns eines Nachmittags auf den Weg über den Marktplatz machten. „Das ist der Beruf, auf den ich Lust habe. Keine Landwirtschaft für mich. Landwirtschaft!

Den ganzen Tag hinter dem Pflug schuften und bis zu den Augen im Lehm und müde wie ein Hund nach Hause kommen – und dann am Jahresende nichts vorzuweisen! Nein, danke." Du!"

„Das ist nicht das Leben meines Vaters", sagte ich.

Er schüttelte wissend den Kopf.

„Dein Vater ist ein reicher Mann", sagte er. „Ich weiß. Ich halte die Augen offen. Nein – ich werde in dieses Geschäft einsteigen."

Ich schaute ihn an und versuchte mir vorzustellen, wie er hinter einer Theke Spitzen und Bänder verkaufte. Er war ein großer, schwerer Junge, dessen Kleidung immer zu klein für ihn war, und es kam mir schon damals vor, dass es seltsam aussehen würde, so große Hände mit empfindlichen Dingen umgehen zu sehen.

„Deshalb lege ich so viel Wert auf Zahlen und auf Französisch, wissen Sie, Poskitt", sagte er plötzlich. „Man kann im Geschäft nicht weiterkommen, wenn man sich nicht gut mit Zahlen und Buchführung auskennt, und wenn man Französisch kann, ist man im Vergleich zu Kollegen, die das nicht können, im Vorteil, weil man die Chance hat, entlassen zu werden." nach Paris, um die neueste Mode zu sehen und zu kaufen.

„Gib mir Landwirtschaft und ein gutes Pferd und einen guten Hund und eine gute Waffe!" sagte ich.

„Ja", sagte er, „aber du wurdest mit einem silbernen Löffel im Mund geboren. Ich muss meinen Willen durchsetzen. Ich werde es schaffen. Eines Tages werde ich Bürgermeister von Sicaster sein."

Der erste Schritt zur Verwirklichung dieses Wunsches erfolgte für Abraham, als er das Gymnasium verließ und ordnungsgemäß bei den Herren Paulsford und Tatham in die Lehre ging. Er war damals vierzehn und wirkte aufgrund seiner großen Statur, seines schweren Gesichtsausdrucks und seines ernsten Gesichtsausdrucks älter. Ich sah ihn manchmal im Laden, wenn ich mit meiner Mutter oder meinen Schwestern dorthin ging – er nahm schon sehr früh einen Frack an und zog damit den richtigen Stil an. Seine Lehrzeit betrug, wie es damals üblich war, sieben Jahre – ob seine Anstellungen gekündigt wurden oder nicht, weiß ich nicht, aber mit achtzehn Jahren war er Einkäufer der Firma und mit einundzwanzig Jahren Geschäftsführer. Er wurde in Sicaster bekannt. Sein Verhalten war bewundernswert und alle sprachen gut über ihn. An sechs Tagen in der Woche war er von acht bis acht Uhr und samstags bis zehn Uhr auf seinem Posten; der siebte stellte fest, dass er fleißig an den Gottesdiensten der Kirche teilnahm und in der Sonntagsschule unterrichtete. Er wohnte bei einer sehr angesehenen Witwe, dem Relikt eines verstorbenen Kaufmanns, und es war nie bekannt, dass er jungen Frauen etwas anderes als die höflichste Aufmerksamkeit schenkte.

Auf diese Weise vergingen zehn Jahre von Abrahams Leben – allem äußeren Anschein nach mit absoluter Glätte. Die Witzbolde von Sicaster, vor allem diejenigen, die sich in gemütlichen Kneipen versammelten, ihre Pfeifen rauchten und ihren Grog eines Winterabends tranken, schüttelten den Kopf und sagten, dass der junge Kellet einen hübschen Penny gespart habe und dass er genau wisse, was er sei um. Und ich glaube, dass nur wenige Menschen, weder in Sicaster selbst noch in der Nachbarschaft, überhaupt überrascht waren, als im *Sicaster Sentinel plötzlich verkündet wurde* , dass das alteingesessene Unternehmen der Herren Paulsford und Tatham aufgrund des hohen Alters und ... mangels Gesundheit des einzigen verbliebenen Gesellschafters, Herrn Jonas Tatham, wurde das Unternehmen an seinen Manager, Herrn Abraham Kellet, verkauft, der es künftig in seinem eigenen Namen weiterführen würde.

Nun wurde das alte Zeichen gesenkt und ein neues errichtet, und Abraham war nicht länger der wachsame, allgegenwärtige Verwalter, sondern der allgegenwärtige Meister mit den Luchsaugen. Der Ausdruck von Macht trat in seine Augen und sein Verhalten; Er ging durch die Straßen und überquerte den Marktplatz mit dem Schritt eines Mannes, der Anteile an der Stadt hatte. Männer, die ihn als Lehrling kannten, nannten ihn schnell „Sir"; einige, um ihn zu bedecken; er hatte gezeigt, dass er Geld verdienen konnte. Jeder wusste jetzt, dass er seinen Namen in großen Buchstaben auf die Listen von Sicaster schreiben würde, auf denen bereits viele Namen standen, die nicht unerheblich waren.

Und dann, gerade als Abraham sich in der Anfangsphase einer glänzenden kommerziellen Karriere seines eigenen Gebäudes eingelebt zu haben schien, geschah ein großes Unglück. Es geschah genau dann, als man es am wenigsten hätte erwarten können – denn alles schien für Abrahams Größe günstig zu sein. Er hatte ein hübsches Haus gekauft und richtete es hübsch ein. Er hatte sich gerade mit der Tochter und dem einzigen Kind von Alderman John Chepstow verlobt, der selbst Erbin war und von dem man erwarten konnte, dass er zu gegebener Zeit das beträchtliche Vermögen ihres Vaters erben würde. Das Glück schien ihm auf die breiteste und freundlichste Weise zuzulächeln. Plötzlich runzelte sie die Stirn.

Eines Nachts wurden die ruhigen, schlafenden Straßen von Sicaster plötzlich zu bisher unbekanntem Lärm und Aktivität erweckt. Das Rauschen der Füße auf dem Bürgersteig, das Klappern von Pferdehufen auf dem Kopfsteinpflaster, das Aufwerfen von Fensterläden, die unartikulierten Schreie verängstigter Menschen – all das gipfelte in einem einzigen großen Schrei: „ *Feuer* ! " Und Männer und Frauen, die auf den Marktplatz stürmten, sahen, dass der stattliche alte Laden, der sechzig Jahre lang Paulsford und Tatham und seit zwei Jahren Abraham Kellet's gehörte, von oben bis unten in Flammen stand und dass hoch über dem Flammenmeer eine dicke Wolke aus Flammen brannte Schwarzer Rauch stieg langsam zum mondbeschienenen Himmel auf.

Kellet's, der verstorbene Paulsford und Tatham's, war bis auf die Grundmauern niedergebrannt, noch bevor es hell wurde. Es gab ein kleines Feuerwehrauto im Keller des Rathauses, das ins Feuer spuckte wie ein einen Monat altes Kätzchen eine Dogge anspuckt, und als die Brigaden aus Clothford, zwölf Meilen in einer Richtung entfernt, und Wovefield, acht Meilen entfernt, eintrafen in einem anderen gab es nur ein paar Wände. Diejenigen, die es sahen, erzählten mir, dass Abraham Kellet, der früh am Tatort eintraf und die Hoffnungslosigkeit der Situation erkannte, seinen Stand auf den Stufen des Marktkreuzes gegenüber einnahm und zusah, wie sein Eigentum brannte, bis das Dach einstürzte. Er sagte die ganze Zeit kein Wort, obwohl mehrere mit ihm sprachen, und als alles vorbei war, wandte er sich ab. Dann zupfte ein Reporter an seinem Ellbogen und fragte ihn, ob er versichert sei. Er starrte den Mann einen Moment lang an, als wäre er verrückt; dann nickte er.

"Ja ja!" er antwortete. "Oh ja!"

Allen tat Abraham Kellet sehr leid – obwohl er gegen Feuer versichert war, kam es den Sicaster-Leuten so vor, als müsse eine Katastrophe wie diese sein Geschäft lahmlegen. Aber sie kannten Abraham nicht. Er schien der Einzige zu sein, der wirklich unbekümmert war, und er entwickelte sofort einen Zustand außergewöhnlicher Aktivität. Es gab ein großes Gebäude in der Stadt, das als Zirkus erbaut worden war – Abraham hatte es noch vor zehn Uhr morgens nach dem Brand übernommen und Rundschreiben herumgeschickt, in denen er ankündigte, dass sein Geschäft dort weitergeführt werden würde, bis seine neuen Räumlichkeiten fertig seien gebaut. Er fügte hinzu, dass die temporären Räumlichkeiten in vier Tagen für den Empfang der Kunden bereit sein würden. Dann verschwand er vollständig. Die Leute lachten und sagten, er müsse den Verstand verloren haben. Wie konnte er in vier Tagen provisorische Räumlichkeiten eröffnen, wenn jedes Stück seines Bestandes vernichtet war? Wie konnte er diesen alten, feuchten und muffigen Zirkus in einen Ort verwandeln, an dem die Leute einkaufen gehen konnten?

Aber Abraham war einer jener Männer, die sich weigerten, an Unmöglichkeiten zu glauben. Wie ihm das gelang, wusste niemand, der sich nicht aktiv darum kümmerte. Aber als die provisorischen Räumlichkeiten eröffnet wurden, war der alte Zirkus in eine Art Basar verwandelt worden, und es gab einen Vorrat, wie man ihn im alten Laden noch nie gesehen hatte.

Die ganze Stadt drängte sich dort zusammen, und die Familien des Landkreises kamen und alle wollten Abraham gratulieren. Doch nachdem er gesehen hatte, dass die provisorischen Räumlichkeiten einigermaßen in Ordnung waren, war Abraham auf einem anderen Weg – er war mit den Architekten über die Pläne für das neue Geschäft beschäftigt. Den Grundstein dafür legte er selbst, gut einen Monat nach dem großen Brand.

Das neue Geschäft wurde nur zwölf Monate später fertiggestellt und eröffnet – kompetente Kritiker sagten, es sei so gut wie ein Geschäft in London oder Paris, abgesehen natürlich von der Größe. Am Tag nach der Eröffnung heiratete Abraham Miss Chepstow und gönnte sich eine Woche Urlaub. Dann ließen sich Herr und Frau Kellet in ihrem schönen Haus nieder und führten ein Leben voller Geldverdienen und sozialen Aufstiegs. Und Abraham hatte mit der Zeit Muße, sich den Gemeindeangelegenheiten zu widmen, wurde Stadtrat und dann Stadtrat und erreichte schließlich den Höhepunkt seines Ehrgeizes und sah den Bürgermeisterstuhl, die Kette und die Roben vor sich – ganz in der Nähe.

„ Ich habe es vor mir. Ich werde es schaffen. Eines Tages werde ich Bürgermeister von Sicaster sein! "

II

Ich dachte an all diese Dinge, wie man, halb unbewusst, an Erinnerungen denkt, wenn etwas sie in Erinnerung ruft, als ich an jenem kühlen und nebligen Novembermorgen nach Sicaster fuhr, um an den großen Veranstaltungen teilzunehmen, die immer die Wahl eines neuen Bürgermeisters markieren in dieser historischen Stadt. Es würde für Abraham reichlich Gelegenheit geben, seine Größe zu zeigen. Zuerst die Wahl im Ratssaal des Rathauses; dann die Prozession über den Marktplatz zur Pfarrkirche; Schließlich das Bürgermeisterbankett am Abend – Abraham, sagte ich mir, als ich an die Zeit dachte, als ich ihn zur Schule fuhr und er mein Abendessen teilte, würde (wie wir in dieser Gegend sagen) den ganzen Tag in vollem Glanz sein.

Der Ritt entspannte mich, und als ich gesehen hatte, wie meine Stute im King George untergebracht war, ging ich in die Bar, um ein Glas Whisky zu trinken. Es waren mehrere Stadtbewohner unterwegs, wie sie es immer tun, wenn in der Stadt ein allgemeiner Feiertag ist (und nicht selten, wenn keiner da ist!), und natürlich drehte sich alles um den gewählten Bürgermeister. Und ein Mann, ein Kaufmann, der, wie ich (aus trauriger Erfahrung an Markttagen) wusste, ungewöhnlich gerne selbst reden hörte, schwärmte von der Großartigkeit jener Karrieren, die ganz unten auf der Leiter beginnen und ganz oben enden.

„Der Selfmademan, meine Herren", sagte er gerade, als ich eintrat, „der Selfmademan ist der König der Menschen! Was ist ein Peer of the Realm, meine Herren – ja, ich werde sogar noch weiter gehen, und zwar mit allem." Respekt, was ist der Souverän im Vergleich zu dem Mann, der sich aus dem Nichts erschaffen hat? Unser würdiger gewählter Bürgermeister –"

„Warum", sagte ein anderer Mann, unterbrach die wortreiche Rede und erspähte mich, „ich glaube, Mr. Poskitt hat Abraham hier in Sicaster zur Schule gefahren, als sie noch gemeinsame Jungen waren. War das nicht so, Mr. Poskitt, Sir?"

„Sie haben völlig recht, Sir", antwortete ich, „und Mr. Kellet pflegte damals zu sagen, dass er Bürgermeister von Sicaster werden würde."

„Aye, schauen Sie mal da, meine Herren!" rief der Geschwätzige aus. „Das beweist nur das Argument, das –"

Aber ich schenkte ihm keine Beachtung – wie gesagt, ich bekam an Markttagen genug von ihm, und meine Aufmerksamkeit war auf einen Mann gelenkt worden, einen Fremden (Sie wissen, wie schnell wir Landleute immer einen Mann entdecken, der das tut). (gehört nicht uns), der in einer Ecke des Bar-Salons saß, der, wie ich sagen sollte, Sie alle sehr wohl wissen, ein schwach beleuchteter Raum ist. Er saß da, getrennt von allen, ein Glas vor sich auf dem Tisch, eine Zigarre in der Hand – und die Zigarre war angezündet und erloschen, und während die anderen Männer redeten, machte er keinen Versuch, sie wieder anzuzünden, sondern setzte sich ruhig zuhören. Er war ein älterer Mann, gut gekleidet in Kleidung, die, wie ich fand, von ausländischem Schnitt und Material war; Sein Haar war grau und ziemlich lang und verfilzte um seine Augen, und er trug einen breitkrempigen Hut, der tief in die Stirn gezogen war. „Ein Künstler, Herr", dachte ich, dachte dann nicht mehr an ihn, trank meinen Whisky aus und ging auf den Marktplatz.

Meine Einladung galt Abrahams Privathaus, von wo aus er, wie es Brauch war, um elf Uhr von einigen Privatfreunden zum Rathaus begleitet werden sollte. Es war ein schönes, ja ein edles Haus, das auf dem Marktplatz genau vor seinem Laden stand, und das Innere war ebenso prächtig wie das Äußere – Gemälde und Vergoldungen und weiche Teppiche und Luxus auf allen Seiten. Zu dieser Zeit hatte Abraham einen Diener, und ich wurde feierlich eine schöne Treppe hinauf in den Salon geführt, wo ich eine stattliche Gesellschaft bereits versammelt vorfand – den Pfarrer und den Stadtschreiber und einige der Stadträte und Großen - Perücken des Ortes, und Abraham in seiner üblichen – aber neuen – Kleidung aus Wollstoff und weißem Leinen, und seine Frau und zwei Töchter in Seide und Satin, und alles sehr stattlich. Auf den Tischen standen seltene Weine, aber ich trank noch einen Schluck Whisky. Und plötzlich ergriff Abraham meinen Arm und führte mich zu einem der Fenster mit Blick auf den Marktplatz.

„Poskitt!" Er sagte mit leiser Stimme: „Erinnerst du dich daran, wie du mich immer zur Schule gefahren hast und mit mir zu Abend gegessen hast?"

„Das tue ich", sagte ich.

Er winkte mit seiner Hand – einer großen weißen Hand, auf der ein feiner Diamantring funkelte – in Richtung des Ladens und dann um ihn herum.

„Habe ich nicht gesagt, dass ich Bürgermeister von Sicaster werden würde?" er sagte.

„Das hast du", sagte ich.

Er steckte seine Daumen in die Armlöcher seiner Weste – ein Lieblingstrick von ihm, wenn er mitten in seinem Laden stand und sich umschaute – und breitete sich aus wie ein Truthahn.

„Und noch vor Mittag werde ich fertig sein, Poskitt!" er sagte. „Aus dem armen Jungen ist der Große geworden –"

Dort brach er plötzlich ab, und ich sah, wie sein breites, sonst rötliches Gesicht bleich wurde. Er beugte sich vor und starrte durch das Fenster mit Augen, die aussahen, als würden sie aus seinem Kopf herauskommen. Und als ich seinem Blick folgte, sah ich den Fremden, den ich eine Viertelstunde zuvor in der Bar des King George gesehen hatte, auf der gegenüberliegenden Seite des Marktplatzes stehen und neugierig auf Kellets Haus starren. Er schaute von Fenster zu Fenster, von oben nach unten und schlenderte achtlos davon.

Abraham Kellet riss sich zusammen und warf mir einen misstrauischen Blick zu. Sein Gesicht hatte einen seltsamen Ausdruck und er versuchte zu lächeln – und legte gleichzeitig seine Hand auf sein Herz.

„Sag nichts, Poskitt", sagte er und sah sich um. „Ein leichter Krampf – das ist nichts. Die Aufregung, nicht wahr, Poskitt? Und – es ist Zeit, dass wir etwas unternehmen."

Er ging zurück in die Mitte des Raumes und bat seine Gesellschaft, mit ihm ein letztes Glas zu trinken, bevor er sich auf den Weg zum Rathaus machte, und forderte gleichzeitig seine Frau und seine Töchter auf, ihre Plätze auf der Galerie einzunehmen, die speziell für Damen reserviert war . Und als er sich einen Drink nahm, bemerkte ich, dass er ein Champagnerglas mit Brandy füllte und es in einem Zug austrank, und dass seine Hand zitterte, als er das Glas an seine Lippen hob. Andere bemerkten das zweifellos auch und führten es auf eine ganz natürliche Nervosität zurück. Er lachte, etwas zu laut, über einen altmodischen Witz, den der Pfarrer (der seinen Spaß ebenso liebte wie den alten Portwein) machte – auch das könnte auf Nervosität zurückzuführen sein. Aber ich führte weder das Zittern der Hand noch das erzwungene Lachen auf Nervosität zurück – es schien mir, als hätte Abraham Kellet Angst.

Ich habe Ihnen gesagt, dass es damals Brauch war, dass der gewählte Bürgermeister von einer Gruppe seiner Freunde von seinem privaten Wohnsitz zum Rathaus begleitet wurde – es war ein weiterer Brauch, den jeder Mann, der an dieser kleinen informellen Prozession teilnahm, tragen sollte was wir damals Blumenstrauß nannten und heute Blumenstrauß nennen. Und als wir die breite Treppe von Abraham Kellets Haus hinunterstiegen, erhielt jeder von uns von den Händen des Dieners einen schönen Strauß Herbstblüten, die nur zu bekommen waren. So geschmückt gingen wir auf den Marktplatz, vorbei an zwei Gruppen von Menschen, die sich auf beiden Seiten des Eingangs versammelt hatten, um zu sehen, wie der gewählte Bürgermeister sein Haus verließ. Sie jubelten herzlich, als Abrahams stämmige Gestalt in Sicht kam, und dieser Jubel ging bis zum Rathaus weiter, mit gelegentlichen Segenswünschen von alten Frauen, die hofften, später am Tag Teilhaber des neuen Bürgermeisters zu sein Kopfgeld. Abraham ging mit aufgerichtetem Kopf und lächelndem Gesicht über den Marktplatz, nickte und verneigte sich nach rechts und links, aber ich, der direkt hinter ihm und ein wenig auf einer Seite von ihm ging, sah, dass er sich ständig umsah, als suche er nach einem Gesicht.

Als Abrahams Gruppe eintraf, war das Rathaus voll – bis auf die Plätze, die sie für die Begünstigten reserviert hatten. Die für unsere Gruppe befanden sich in der ersten Reihe der rechten Galerie – als ich in meine eingestiegen war, blickte ich mir in aller Ruhe die Szene an. Das Rathaus von Sicaster ist ein Saal von gewisser Größe und Anspruch – an einem Ende befindet sich eine breite und tiefe Plattform, hinter der sich eine Skulptur befindet, die die Kapitulation von Sicaster Castle zur Zeit des Bürgerkriegs darstellt, und auf dieser Plattform angeordnet Die Ratsherren und Ratsherren des Bezirks waren bereits versammelt, um ihre gebührende Rangfolge einzuhalten. Sie saßen im Halbkreis um die Plattform – in der Mitte stand ein mit Samt bedeckter Tisch, auf dem die alten Insignien von Sicaster, der Streitkolben, die Dienstkappe, das Siegel und die Bibel, ausgelegt waren. Hinter diesem Tisch standen drei Stühle, der mittlere stand auf einer Art Podium, das viel imposanter war als die Stühle daneben. Vor dem Podium befanden sich Sitzplätze für die Würdenträger der Stadt, die sich bis zur Hälfte des Saals erstreckten. Der Rest war für die Öffentlichkeit zugänglich, die ihn bereits bis zum Anschlag gefüllt hatte. Die rechte Galerie, auf der ich saß, war Freunden von Mitgliedern der Korporation vorbehalten; Die gegenüberliegende Galerie war für Damen reserviert, und in der ersten Reihe, direkt mit Blick auf den Bahnsteig, saßen Mrs. Kellet und ihre Töchter, stolz und strahlend. Die Galerie im hinteren Teil der Halle war ebenso wie die untere Hälfte darunter für die Öffentlichkeit zugänglich. Und als ich die dicht gedrängten Reihen überblickte, sah ich den Mann, den ich im King George gesehen hatte, direkt über der Uhr in der Mitte der Balustrade sitzen und hinterher auf Abraham Kellets Haus starren.

Er saß da, die Ellbogen auf die Balustrade vor sich gestützt, das Kinn auf die Hände gestützt, und starrte aufmerksam auf die Szene und die Menschen. Mir kam es so vor (und selbst vor zwanzig Jahren, als ich erst etwa fünfzig Jahre alt war, schmeichelte ich mir ein wenig damit, die Gesichter der Menschen zu lesen!), als würde er die Unterschiede, die die Zeit macht, erkennen, in Erinnerung rufen und bemerken. Ohne Körper oder Kopf zu bewegen, ließ er seinen Blick langsam die Galerien auf beiden Seiten absuchen, so wie sie den Bahnsteig absuchten, als ich ihn zum ersten Mal sah. Und ich begann mich mit einem leichten Unbehagen zu fragen, wer dieser Mann war und was er dort tat. War er nur ein Fremder, getrieben von der Neugier, einer alten englischen Zeremonie beizuwohnen, oder war er aus fester Absicht dort? Und warum war Abraham Kellet bei seinem Anblick gerührt? Denn ich war mir sicher, dass er es getan hatte.

Es herrschte Aufregung und Aufregung, und der scheidende Bürgermeister betrat in Begleitung seines Stellvertreters, des Stadtschreibers, und der anderen Beamten das Podium, begleitet von Abraham Kellet und zwei oder drei anderen Stadträten, die sich auf ihre üblichen Plätze begaben. Ich sah, wie Abraham, als er sich setzte, sich mit demselben Blick in der überfüllten Halle umsah, den ich auf dem Marktplatz bemerkt hatte. Und ich sah auch, dass er den Mann nicht sah, der über der Uhr saß. Aber jetzt, da Abraham dort war, auf dem Podium, in seinen aldermanischen Gewändern, hatte der Mann keine Augen für etwas anderes als ihn. Er beobachtete ihn, wie ich eine Katze gesehen habe, die das Loch beobachtete, aus dem sie wusste, dass eine Maus herauskommen würde.

Das Verfahren begann. Als Abrahams Bewerber und Stellvertreter seine Wahl vorantrieb, schien Abraham immer mehr anzuschwellen und der Strahl seiner Frau bekam eine neue Würde. Laut Alderman Gillworthy gehörten ihm alle bürgerlichen Tugenden; er war es, der als Vorsitzender des Wachkomitees ein neues Bekleidungssystem für die Polizei eingeführt hatte; Er war es, der als Vorsitzender des Wasserwerksausschusses Sicaster mit reinem Trinkwasser versorgt hatte. Herr Ratsmitglied Sparcroft befasste sich mehr mit seinen moralischen Tugenden und bemerkte, dass Stadtrat Gillworthy die Liste der städtischen Triumphe seines Freundes erschöpft habe. Er erinnerte den Rat daran, dass Abraham ein leuchtendes Beispiel für Rechtschaffenheit war, und lenkte den Blick der ganzen Versammlung auf Frau Kellet und ihre Töchter, als er gefühlvoll von ihm als einem vorbildlichen Ehemann und Vater sprach. Er bezeichnete ihn als einen über dreißigjährigen Sonntagsschullehrer; als Kirchenvorsteher des Pfarrers seit über zwanzig Jahren; Er war mit allen Wohltätigkeitsvereinen verbunden und die Armen kannten ihn. Dann wandte sich der für seine Reden gefeierte Stadtrat der geschäftlichen Seite von Abrahams Geschichte zu und skizzierte seine Karriere in pointierten Sätzen und leuchtenden Farben. Seine bescheidene Herkunft – seine frühen Ambitionen – seine Beharrlichkeit – seine anstrengenden Bemühungen – sein Unglück in einer Zeit, in der alles gerecht schien – sein Aufsteigen wie ein Phönix aus der Asche – sein stetiger Aufstieg auf den Berg des Erfolgs – sein Erreichen des Höchsten Höhe – all diese Dinge wurden vom Stadtrat angesprochen, der seine blumige Rede mit einem Zitat aus der Heiligen Schrift abschloss: „Siehst du einen Mann, der fleißig im Geschäft ist? – Er wird vor Königen stehen!"

Es gab keinen Widerstand gegen Abraham Kellet – der Rat war einstimmig. Er wurde ordnungsgemäß zum Bürgermeister von Sicaster gewählt – zum 375. Mal, seit die Altstadt ihre Stadtrechte erhielt.

Ich nehme an, dass es in Abraham Kellets Leben noch nie einen so emotionalen Moment gegeben hat wie den, als er, ordnungsgemäß auf dem Stuhl des Bürgermeisters eingesetzt, im Bürgermeistergewand und mit der Bürgermeisterkette behängt, aufstand, um seine erste Rede als oberster Richter von Sicaster zu halten. Diesmal ließ die Wichtigtuerei, die ihm aufgefallen war, nach; er schien zu einem einfachen, natürlicheren Selbst zurückzukehren. Er sah sich um; er warf einen Blick auf seine Frau und seine Töchter; er fiel mir ins Auge – es dauerte einen ganzen Moment, bis der Applaus, der den Aufstand des Bürgermeisters begrüßt hatte, verklungen war, sodass er sich befehlen konnte zu sprechen. Als er sprach, waren seine ersten Sätze nervös und zögernd, aber er gewann an Selbstvertrauen, als er begann, sich auf Sparcrofts Anspielungen auf seine Karriere als Handwerker zu beziehen.

„Du siehst einen vor dir", sagte er, „der nie wusste, was es heißt, eine Schwierigkeit zu fürchten, der sich weigerte, an Hindernisse zu glauben, der immer vorhatte, mit der Zeit zu gehen, und der –"

Dort hielt er eine Sekunde inne, denn an diesem Morgen litt er unter einem leichten Husten, und in dieser Sekunde erklang eine Stimme, durchdringend, kalt und scharf wie Stahl und so gnadenlos wie die Hand des unversöhnlichen Rächers, wenn sie Stahl nach Hause treibt Saal-

„ Und wer hat sein Geschäft niedergebrannt, um an das Versicherungsgeld zu kommen!
"

Ich hatte nie eine klare Erinnerung – nein, ich hatte nie eine klare Vorstellung davon – was folgte. Ich erinnere mich an ein Meer weißer, verängstigter Gesichter, an ein Stimmengemurmel, daran, wie der Mann hinter der Uhr

einen anklagenden Finger über den Raum zwischen der Galerie und dem
Bahnsteig streckte. Und ich erinnere mich an Abraham Kellet, der gelähmt
war und den Tisch vor sich umklammerte und den anklagenden Finger und
den Mann dahinter anstarrte, als würde man das Böse anstarren. Es schien
Stunden zu dauern, bis diese Sekunde verging und ein Schrei, der eher dem
Schrei einer verlorenen Seele als dem eines Mannes glich, trocken und heiser
von seinen Lippen kam –

„ Aynesley! Komm zurück! “

Dann fiel er in all seiner bürgermeisterlichen Pracht schwer über den Tisch,
und die Bürgermeisterkette rasselte gegen den Streitkolben, den so mancher
ehrliche Vorgänger zweimal zweihundert Jahre lang getragen hatte.

An diesem Tag gab es keine Prozession zur Kirche und an diesem Abend
kein Bürgermeisterbankett, aber Sicaster hatte viel zu erzählen und ist eine
klatschliebende Stadt. Und die beschämende Geschichte war alles wahr. Der
Brand vor vielen Jahren war ein geschickter Brandstifter von Abraham
Kellet, und sein Manager Aynesley hatte seine Schuld erkannt und war von
Abraham entschuldigt worden, der sich anschließend bemüht hatte, ihn, um
es mit einem schönen Wort zu sagen, zu haben ENTFERNT. Und Aynesley
hatte Rache geschworen und gearbeitet und Pläne schmiedet, bis auch er ein
reicher Mann war – und er hatte seinen Zeitpunkt abgewartet und darauf
gewartet, Abraham von der Spitze seines Ruhms zu befreien, als er sie gerade
erreichte.

Eitelkeit der Eitelkeiten – alles ist Eitelkeit! Es ist Zeit für unsere Absacker.

GUTE NACHT.